CB013871

Freud: Releituras Brasileiras

Organizadores:

*Mauro Gus
Jussara Schestatsky Dal Zot
Ida Ioschpe Gus*

FREUD: RELEITURAS BRASILEIRAS

Casa do Psicólogo®

© 2003 Casa do Psicólogo Livraria e Editora Ltda.
É proibida a reprodução total ou parcial desta publicação, para qualquer finalidade, sem autorização por escrito dos editores.

1ª Edição
2003

Editores
Ingo Bernd Güntert e Silésia Delphino Tosi

Produção Gráfica
Renata Vieira Nunes

Editoração Eletrônica
Carlos Alexandre Miranda

Revisão Gráfica
Silvia Bovino

Capa
Odyr Bernardi

Dados Internacionais de Catalogação na Publicação (CIP)
(Câmara Brasileira do Livro, SP, Brasil)

Freud: releituras brasileiras / organizadores Mauro Gus, Jussara Schestatsky Dal Zot, Ida I. Gus. – São Paulo: Casa do Psicólogo®, 2003.

ISBN 85-7396-227-5

1. Freud, Sigmund, 1856-1939 2. Hitchcock, Alfred, 1899-1980 3. Humanismo 4. Psicanálise 5. Psicanálise e cinema I. Gus, Mauro. II. Dal Zot, Jussara Schetastsky. III. Gus, Ida I..

03-2366   CDD-150.195

Índices para catálogo sistemático:
1. Psicanálise: Psicologia 150.195

Impresso no Brasil
Printed in Brazil

Reservados todos os direitos de publicação em Língua Portuguesa à

Casa do Psicólogo® Livraria e Editora Ltda.
Rua Mourato Coelho, 1.059 — Vila Madalena — 05417-011 — São Paulo/SP — Brasil
Tel.: (11) 3034.3600 — *E-mail:* casadopsicologo@casadopsicologo.com.br
http://www.casadopsicologo.com.br

Agradecimentos pelo apoio e colaboração

A Lúcia Silber e Lahtu Sensu;

ao Sistema de Saúde Mãe de Deus;

à Rede Brasil Sul de Comunicação;

ao Instituto Goethe;

à Competence;

à Liliana Magalhães e equipe Santander Cultural;

a Luiza Pires, pela eficiência.

Apresentação

Apresentar um livro não é uma tarefa fácil. Ela deveria ter o intuito de despertar o interesse do leitor, aguçando-lhe, ao mesmo tempo, a curiosidade e o espírito. Exige-se do apresentador que ele tenha o objetivo que colore a frase e uma retórica que convence, para que a apresentação não seja daqueles "prefácios" que o escritor redige depois de ter escrito o livro, o editor publica no início e o leitor não lê nem antes nem depois. Contudo, este livro, por seu conteúdo e objetivo, é fácil de introduzir. Ele é o resultado de um projeto nascido da necessidade de preparar a "Exposição Freud para Todos", um projeto especial da Associação Brasileira de Psicanálise, que com suas federadas — Sociedade Psicanalítica de Porto Alegre, Sociedade Brasileira de Psicanálise de Porto Alegre e Sociedade Psicanalítica de Pelotas —, deu continuidade às exposições ocorridas em São Paulo e Rio de Janeiro.

Aquele projeto, que foi intitulado "Freud: Releituras Brasileiras", foi, assim, o início e uma preparação de um projeto mais amplo: o de aprofundar e difundir a Psicanálise, no caso uma releitura de Freud por um viés brasileiro. Daí a grande importância de que se reveste este livro, fruto de um ciclo de palestras e de debates sobre filmes selecionados ocorrido entre agosto e novembro de 2002.

Como o leitor poderá descobrir, temas como sexualidade, história, mitologia, comunicação, literatura e filosofia compõem a primeira parte do livro, na qual se encontram reflexões sobre sua relação com a Psicanálise. Isso parece indicar uma preocupação, resgatada de Freud, de estabelecer uma relação da nossa disciplina com a sociedade e com a cultura em geral, ou seja, efetivá-la como uma forma de investigação da psique ou das relações humanas de um modo amplo.

A segunda parte traz os debates que se realizaram sobre Psicanálise e Cinema, estas duas artes que — não por acaso — nasceram na mesma época, ambas tendo, entre outros, o objetivo de subverter a ordem das representações consensuais, dando-lhes sentidos outros, ampliando possibilidades de leituras significativamente diferentes. O cinema, pela "leitura" que a câmera faz de certa realidade, ressignificando o mundo que é visto; a Psicanálise, pela "arte" da interpretação, que se baseia na ambigüidade do discurso, subvertendo a ordem da palavra, atribuindo-lhes sentidos que desvelam novas possibilidades auto-representativas do sujeito. Revisita-se a obra cinematográfica de Alfred Hitchcock, em cujos filmes encontramos temas tratados pela Psicanálise e que são, digamos assim, *leit-motiv* para seus argumentos cinematográficos.

Espero que esta apresentação, ainda que desprovida daquelas qualidades mencionadas no início, tenha suscitado no leitor a curiosidade de saber como e por que podemos fazer uma releitura brasileira de Freud.

José Fernando de Santana Barros
Presidente da Associação Brasileira de Psicanálise

Sumário

Parte I
As idéias de Freud no mundo contemporâneo
13

Psicanálise e sexualidade
Roaldo Naumann Machado 15
Psicanálise e sexualidade: A escolha homossexual nas relações humanas: Opção ou doença?
Joel Araújo Nogueira 23
Psicanálise e cultura: Um diálogo em construção
Cláudio Laks Eizirik 31
Psicanálise e filosofia: Um panorama pela psicanálise
César Luís de Souza Brito 41
Psicanálise e história
Rui de Mesquita Annes 55
Mito e psicanálise: Édipo diante da Esfinge
Kathrin Rosenfield 75
Psicanálise e mito: Algumas considerações sobre psicanálise e mitos na realidade atual
Sérgio Lewkowicz 87
Comunicação e psicanálise
Antonio Hohlfeldt 97
Psicanálise e comunicação
Nina Rosa Furtado 105

PSICANÁLISE E LITERATURA
Maria da Glória Bordini 111
PSICANÁLISE E LITERATURA: GOETHE E FREUD: ALGUMAS PÉTALAS NO GRAND CANYON
Juarez Guedes Cruz 127

PARTE II
CICLO DE CINEMA E DEBATES ALFRED HITCHCOCK
141

VERTIGO – UM CORPO QUE CAI
Beto Souza 143
VERTIGO – UM CORPO QUE CAI
Flávio Rotta Corrêa 147
JANELA INDISCRETA
Sérgio Silva 151
JANELA INDISCRETA: ABRINDO UMA JANELA UM TANTO INDISCRETA NA OBRA DE ALFRED HITCHCOCK
Antonio Carlos J. Pires 157
DISQUE M PARA MATAR: HITCHCOCK, O AMOR E O SONHO
Liliana Sulzbach 165
DISQUE M PARA MATAR
Jair Rodrigues Escobar 169
OS PÁSSAROS
Hiron Cardoso Goidanich (Goida) 173
OS PÁSSAROS: ALGUMAS REFLEXÕES EM TORNO DE "OS PÁSSAROS"
Viviane Sprinz Mondrzak 177

PACTO SINISTRO: APONTAMENTOS SOBRE HITCHCOCK
Carlos Gerbase 183
PACTO SINISTRO: ALGUMAS CONSIDERAÇÕES SOBRE O FILME "PACTO SINISTRO", DE ALFRED HITCHCOCK
Luiz Marcírio Kern Machado 189
FESTIM DIABÓLICO: COMENTÁRIOS SOBRE A CORDA
Gisele Hiltl 197
FESTIM DIABÓLICO
José Luiz Petrucci 201
MARNIE – CONFISSÕES DE UMA LADRA
Henrique de Freitas Lima 203
MARNIE – CONFISSÕES DE UMA LADRA: AS MÁSCARAS DE MARNIE
Roberto Gomes 209
FRENESI: A ÚLTIMA BATALHA DE ALFRED HITCHCOCK
Tabajara Ruas 231
FRENESI (1972)
José Carlos Calich 235

PARTE III
TRABALHO PREMIADO
243

APRESENTAÇÃO 245
AS PULSÕES E A AVENTURA DO SER E DO ACONTECER
Paulo Henrique Gomes de Seixas 247

PARTE I

AS IDÉIAS DE FREUD NO MUNDO CONTEMPORÂNEO

(Estas palestras ocorreram no Instituto Goethe — Porto Alegre, de 3/8/2002 a 12/11/2002, sob a coordenação da Dr^a. Ida I. Gus.)

PSICANÁLISE E SEXUALIDADE

*Roaldo Naumann Machado**

Antes de tudo, gostaria de agradecer ao gentil convite, feito pelo Dr. Mauro Gus, para participar como palestrante destas releituras freudianas. Não vou estender-me muito nisso porque o tempo é exíguo, e muitos outros agradecimentos deveriam ser feitos.

O tema da psicanálise e da sexualidade aparece constantemente associado. Cabe aqui, neste breve relato, estabelecer, de uma maneira um tanto quanto resumida, as vicissitudes deste desenvolvimento, pois Freud, no decorrer do seu desenvolvimento teórico, agregou inúmeros avanços às suas concepções.

A primeira noção de Freud sobre a questão da sexualidade surgiu quando ele, ainda neurologista, tentou tratar e conviver com suas pacientes histéricas. Percebeu, então, que alguma coisa se passava e chamou isso de "um trauma sexual". Esse trauma relatado por Freud era a razão principal da formação de um ou vários sintomas então denominados conversivos e, portanto, paralisantes da vida de relação de tais pacientes. Essa vivência sexual ocorrida em determinada época da vida, neste começo da investigação psicanalítica, basicamente na puberdade, era revivida na época adulta como uma impossibilidade de tramitação normal pela mente em desenvolvimento. Assim, essa incapacidade de assimilação dessa respectiva vivência deflagrava um processo paralisante do desenvolvimento normal. Imediatamente, Freud percebeu que estariam envolvidos não somente sintomas histéricos com as referidas vivências traumáticas. Também sintomas de outras neuroses, como fobias, obsessões e paranóias, estariam relacionados a essas situações descritas.

---

*Membro efetivo, analista didata da Sociedade Psicanalítica de Porto Alegre.

Com o desenvolvimento de suas análises e, particularmente, de sua auto-análise, Freud foi percebendo que o trauma sexual deveria ter ocorrido numa época muito primitiva do desenvolvimento. Assim, seria a infância a época na qual aquilo que posteriormente se tornaria não processável, a sede mais originária do trauma sexual. Freud encontrava-se, portanto, diante de um dilema: grande parte dos adultos era perversa, ou existia uma sexualidade infantil ainda não bem percebida pela investigação científica então vigente. A conclusão seguiu inexoravelmente por esta última hipótese.

Assim, foi criado um conceito fundamental para a psicanálise: o de "trauma a posteriori" ou de *Nachträglichkeit*. Este talvez tenha sido um dos marcos iniciais da teoria freudiana de maior importância. Podemos tentar resumi-lo com uma citação de Freud numa carta dirigida ao amigo Fliess em 1896 (carta 52): *o sucesso sexual em uma fase produz efeitos como se fosse atual e é, portanto, não passível de inibição numa fase seguinte.* Outro marco significativo, também datado dessa época e registrado em cartas dirigidas ao referido amigo Fliess (cartas 67 e 69), foi o estabelecimento da hipótese da universalidade do complexo de Édipo. Relacionado diretamente à sexualidade infantil, esta era estabelecida definitivamente como fundamental para o desenvolvimento humano. Certamente Freud, emergindo da neurologia para a psicanálise, mantinha ainda uma primeira ilusão de quantificar os processos mentais, como afirmou no seu Projeto de Psicologia para neurólogos (1895): *O propósito deste projeto é brindar uma psicologia de ciência natural, isto é, apresentar os processos psíquicos como estados quantitativamente comandados por umas partes materiais comprováveis e fazê-lo de tal maneira que estes processos se tornem instuíveis e isentos de contradição.* Com o progressivo desenvolvimento da psicanálise, a manutenção desse paradigma cartesiano cedeu lugar a outra visão, na qual o processo psíquico não poderia sofrer o mesmo tipo de entendimento que as coisas físicas e químicas em geral. O "penso, logo existo" foi substituído pelo "existo onde não penso". Estava, portanto, fundada a noção de inconsciente, tão fundamental para o pensar psicanalítico. A palavra, ao mesmo tempo reveladora, também ocultava outro significado, da mesma forma que um sintoma ou um sonho. As manifestações humanas passaram a ser e a não ser, ao mesmo tempo, portadoras de inúmeros significados, isto é, passaram à condição de significantes.

Retornando novamente ao tema da sexualidade, a primeira teoria relativamente acabada da sexualidade infantil foi configurada em 1905, no seu trabalho intitulado "Três ensaios sobre a sexualidade". Neste, Freud propunha basicamente um desenvolvimento linear para a sexualidade infantil. As fases das organizações sexuais seguiam umas às outras numa linha ascendente de organização e complexidade. Embora Freud advogava a idéia da transformação dos registros psíquicos em formas progressivamente complexas em que o antigo permanecia na nova ordem traduzida, todas essas hipóteses eram ainda um tanto quando incompletas para o espírito inquieto de Freud. Dessas primeiras hipóteses freudianas sobre a sexualidade infantil, permanecem ainda vigentes muitas contribuições: as fases das organizações infantis da sexualidade; a teoria do recalcamento ou da repressão; a idéia da universalidade do complexo de Édipo, que opera a partir dos extratos inconscientes da mente; a noção já descrita do "trauma a posteriori"; etc. Freud, porém, foi impelido, por seu espírito investigador, a abrir uma nova página para a sexualidade: o estudo do narcisismo.

Mas o que é o narcisismo? Durante os anos de 1910 a 1920, Freud desenvolveu uma série de trabalhos metapsicológicos fundamentais. Aprimorou suas concepções sobre as pulsões, aprofundou seu estudo sobre o inconsciente e sobre a repressão, esboçou estudos importantíssimos sobre a identificação; porém, talvez sua principal contribuição tenha sido a teoria do narcisismo. Esta se configurou em algumas obras, das quais cito apenas estas: o estudo sobre Leonardo da Vinci, a análise sobre a autobiografia do *Senatspräsident* Schreber, a sua introdução sobre o narcisismo, a análise do Homem dos Lobos, Luto e Melancolia e o Estranho. Tentarei, de uma forma resumida, conceituar o que significam essas hipóteses para o campo psicanalítico.Vimos como a teoria das organizações libidinais deixava a desejar exatamente por sua linearidade. Embora Freud, em seus trabalhos anteriores, como a referida carta 52 e, especialmente, o capítulo VII da sua "Interpretação dos Sonhos", assinalasse o problema da retranscrição, isto é, que o antigo permanecia retraduzido dentro do novo, se fazia necessária uma teoria que desse relativa conta de como esses processos se consumavam. Freud dividiu, então, a libido, isto é, a energia propriamente sexual, em libido narcisista, ou ligada, e libido objetal, ou desligada. Qualquer estrutura, e o nosso eu é uma delas, é sedimentado, ou melhor, cimentado por essa libido dita narcisista. Assim, a nossa identidade é costurada pela libido narcisista. Como, porém, faz o eu para crescer em complexidade, aumentando suas representações identificatórias? Cede algo da libido narcisista, que, transformada em libido desligada ou livre, investe o objeto necessário para o desenvolvimento. É esse fragmento libidinal que denominamos de libido objetal. Usando um símile freudiano, é como se uma ameba emitisse um pseudópodo em direção a um objeto necessário para sua alimentação, o incorporasse logo a seguir, e este passasse a fazer parte do seu corpo. Talvez este símile seja um dos mais adequados para representar a concepção freudiana desse permanente movimento entre libido narcisista e objetal, em que uma se transforma na outra num movimento circular contínuo. Quão importantes são essas concepções para a teoria geral de processos psíquicos, tais como introjeções e projeções, bem como para a teoria geral das identificações. Entretanto, é necessário que estabeleçamos a devida relação entre a teoria das fases e a teoria da libido narcísica e objetal. Se, na primeira, cairíamos numa linearidade perigosa, em que algo sempre sucede ao antigo, na segunda correríamos o risco de uma circularidade também perigosa, em que o novo não teria seu devido lugar.

Se associarmos as duas hipóteses, estaremos diante da vantagem da transformação do linear e do circular numa espiral desenvolvimental, em que o antigo e novo coexistem numa sucessão permanente e numa sincronia dialética. É exatamente por meio dessa dialética, em que antigo e novo coexistem, que se cria o que outro genial psicanalista, denominado Donald Winnicott, chamou de espaço transicional. Trata-se do espaço da cultura, do espaço vincular tão típico do acontecer humano. Todas as nossas criações, do ponto de vista da psicanálise, estão inseridas nesse espaço, onde libido narcisista e libido objetal jogam permanentemente o jogo da vida, obedecendo também a uma ordem direcional instintiva na qual as organizações libidinais descritas como fases sucessivas do desenvolvimento também se fazem presentes e necessárias. Todos os nossos processos identificatórios estão amparados por essas hipóteses. Não podemos pensar a formação do nosso caráter, pelo menos do ponto de vista psicanalítico, sem levar em conta o interjogo desses fatores descritos.

Talvez pudéssemos aprimorar o que aqui acaba de ser dito trazendo alguns exemplos de como Freud pensava que se processavam os primórdios das relações humanas, portanto dos primeiros passos do desenvolvimento. Freud descreve o nascimento como uma grande perturbação da economia narcisista. Um sistema em relativo equilíbrio da sua libido narcisista é expulso do ventre materno e necessita peremptoriamente viver. É preciso respirar, ingerir alimentos e estabelecer relações representacionais primitivas com seu contexto basicamente representado pela mãe. Assim, a criança, esse sistema primitivo, rompida sua homeostase narcisista, tende a restabelecer o equilíbrio perdido descarregando o excesso de tensões que a invade por meio do grito. No contexto, a mãe, atenta às necessidades da criança, envolve-a com seus cuidados, oferecendo seu seio apaziguador. Progressivamente, o grito e choro da criança vão sendo promovidos à condição de representantes da relação vincular. Algo se criou nesse espaço vincular entre mãe e criança. O grito passou a representar uma primeiríssima linguagem, pela qual mãe e criança se comunicam. No dizer de Freud, uma grande conquista cultural se fez. O que, porém, nos importa do ponto de vista da sexualidade, pelo menos do enfoque psicanalítico, é que essa conquista cultural, criada e arremessada no espaço vincular e que, como todas as demais, participará da memória e da história de qualquer indivíduo, só é possível pelo obrar da sexualidade. Como muito adequadamente afirma outra ilustre psicanalista, chamada Piera Aulagnier, nenhuma representação se passa dentro de nós sem essa contínua transformação entre libido narcísica e libido objetal. Ainda diz mais a referida autora: temos uma necessidade tão vital de representar como de comer ou respirar. Assim se expressa Eros, o representante da vida. Quando a nossa capacidade de representar cessa, estamos a mercê de Tanatos, o representante da morte. Podemos, portanto, constatar o importantíssimo papel que a sexualidade executa na configuração e formação do nosso aparelho psíquico, constituído de sucessivos registros ligados pela libido, sem os quais a vida não tem lugar.

Freud fez ainda inúmeras considerações sobre essa dualidade pulsional, Eros e Tanatos. Dessa dialética vital, gostaria, para finalizar esta breve comunicação, de trazer à consideração um último aspecto ressaltado por Freud: aquilo que denomina de pulsões de meta inibida e meta desinibida. Esse aspecto também foi maravilhosamente trabalhado pela psicanalista citada, Piera Aulagnier. Enfim, o que isso significa? Talvez um pequeno exemplo nos ajude nesta compreensão. Assim, quando uma criança nasce, os pais se dirigem a ela dizendo-lhe, dentre tantas coisas, que aquele menininho, por exemplo, terá muitas namoradas ou partirá inúmeros corações. Como muito bem diz Freud, essa manifestação dos pais não deixa de ser um ideal não-realizado pelos próprios pais. Estes, na linguagem psicanalítica, projetam sobre seus filhos seus desejos, e isso é uma manifestação universal do fenômeno humano. Porém, não se resume somente a esse aspecto o significado desta expressão. Outro, de extrema importância, é de que os pais falam do lugar de quem já sofreu a repressão. Explicando de outra maneira: a criança já está interditada aos pais quanto às suas pulsões de meta desinibida. A criança não mais será objeto sexual direto dos pais. Não poderá ser a mulher ou o esposo dos pais. Assim como a estes coube reprimir seus desejos eróticos diretos para com seus próprios pais, caberá à futura criança o mesmo destino. No dizer de Freud, a sexualidade humana, diferentemente dos animais, está instintivamente destinada a ser processada em dois tempos. O primeiro deles sofre o destino da repressão, isto é, ficará depositado no profundo do nosso inconsciente. O segundo tempo aparecerá com o advento da puberdade e implica que as pulsões de meta desinibida encontrarão seus fins em novos parceiros sexuais. Estará, assim, interditado o incesto. A conseqüência desse fato é o rompimento da endogamia e o estabelecimento das diferenças como criadoras da diversidade da vida. Quando a sexualidade fracassa nessa manifestação em dois tempos, temos as mais graves conseqüências para o desenvolvimento pessoal e grupal. A sexualidade, de tamanha importância para a vida, passa a ser processada, segundo Freud, por um princípio "além do princípio do prazer", isto é, estará mais à disposição das tendências da morte do que da vida. E quais os restos da sexualidade infantil que permanecem dentro de todos nós como um testemunho daquela época ultrapassada? Justamente as pulsões de meta inibida, essa ternura infinita que os pais devotam aos filhos, tão fundamental para o crescimento deles. Assim, quando abordamos o tema tão complexo da sexualidade humana, é necessário que estabeleçamos uma permanente relação entre esses aspectos descritos: as hipóteses sobre as organizações de fases sucessivas do desenvolvimento, o interjogo permanente entre libido objetal e libido narcisista, as transformações permanentes entre pulsões de meta inibida e desinibida e o equilíbrio destas no estabelecimento dos novos vínculos de acasalamento e familiares, bem como na preservação dos antigos laços familiares. E sem deixar de assinalar, embora pouco espaço nos resta para mais considerações, quão importantes são todos esses aspectos na criação e organização dos grupos sociais.

Penso ter sido razoavelmente possível ter dado uma idéia desse complexo emaranhado que é a sexualidade humana e sua relação com a psicanálise, esperando que esta discreta conferência sirva para aguçar os espíritos curiosos em busca de novas e incessantes questões.

Psicanálise e Sexualidade:
A escolha homossexual nas relações humanas: Opção ou doença?

Joel Araújo Nogueira*

Em primeiro lugar, quero aproveitar a oportunidade para cumprimentar aqueles representantes, aqui presentes, de todas as organizações comprometidas com a geração deste belo evento, bem como aos demais componentes deste painel, os colegas Dra. Ida Gus e Dr. Roaldo Machado, e também a todos aqueles que vieram nos prestigiar com a sua presença, com a sua participação, nesta noite. Da mesma forma, quero registrar um especial agradecimento ao Dr. Mauro Gus, representando a Sociedade Brasileira de Psicanálise, pelo gentil convite feito à minha pessoa.

Pois bem. Uma vez convidado para integrar este painel, passei a pensar sobre a dimensão do tema proposto para ele, qual seja, psicanálise e sexualidade, o que me deixou deveras preocupado, diante da grandeza do tema e da impossibilidade de dar uma resposta adequada possível no tempo disponível. A partir do impasse determinado pelo limite do tempo, decidi falar sobre as correlações existentes entre sexualidade humana, saúde e doença. Para tal, uma vez que tenho de dar um título para a palestra, pensei em abordar o tema referente: *A escolha homossexual nas relações humanas: opção ou doença?*

Como podem ver, já estou propondo, com este, a todos vocês, posteriormente, um debate amplo sobre um assunto que é polêmico e gerador de discussões apaixonadas, por se tratar de algo que traduz facetas da polimorfa sexualidade humana.

**Membro efetivo, analista didata da Sociedade Psicanalítica de Porto Alegre.*

Quero relembrar a todos que essa faceta da sexualidade humana sempre gerou muito rechaço, atitudes radicais, violentas, que muitas vezes envolvem verdadeiras condenações com prejuízos éticos, morais e sociais importantes, como aquelas feitas de tempos em tempos pelo Vaticano, condenando homossexuais ao fogo do inferno, numa verdadeira reedição dos períodos medievais da nossa História.

Por outro lado, surgem quase que na mesma medida, pelo mundo inteiro, movimentos denominados *gays*, que visam não só a uma postura de respeito da sociedade ao indivíduo homossexual, como também, lamentavelmente, a uma verdadeira campanha de catequese em prol do "político *gay*", do "artista *gay*", do "escritor *gay*", do "cientista social *gay*", num verdadeiro movimento separatista que visa a dividir as pessoas em homo, hetero e bissexuais, quando veremos, adiante, que nada mais são do que versões da sexualidade humana que coabitam dentro da vida mental de todo indivíduo, consciente e inconscientemente, desde a sua mais tenra infância.

Por sua vez, os meios de comunicação, na maioria das vezes desavisadamente, promovem, por meio da divulgação de manchetes jornalísticas de cunho sensacionalista, de programas de rádio e de televisão, polêmicas intermináveis que privilegiam o aspecto manifesto, o aspecto aparente, na base do quem é a favor ou contra, relegando ao plano secundário um processo de divulgação com fins educativos mais amplo, mais complexo, que visaria a esclarecer um pouco melhor as sociedades sobre algo tão importante, fundamental para toda pessoa e que diz respeito à formação da sexualidade adulta. Pois sabemos, como estudiosos do assunto, que a sexualidade adulta, a mais madura possível, é um processo de desenvolvimento e configuração que tem por base uma sexualidade infantil, que é o ponto de partida para a definição de uma identidade sexual saudável, adequada, bem como também pode ser o ponto de partida para todos os desvios da sexualidade, que podem caracterizar patologias e doenças.

De todo este breve ensaio inicial de contato com o tema, logo saltam à vista pelo menos três atitudes socialmente dispostas ante o tema homossexualismo:

1º) Grupos, instituições e pessoas radicalmente contra, que promovem a solução via repressão. Temos exemplos das condenações religiosas que periodicamente se repetem e de grupos tipo *skin heads*, que usam até mesmo da violência extrema para eliminar homossexuais.

2º) Grupos homossexuais que se articulam, se organizam e propalam as pretensas virtudes da atividade sexual homossexual, tendo como porta-vozes indivíduos com destaque nas sociedades vigentes, tais como artistas, cantores famosos, atletas, cientistas e outros.

3º) Há também uma terceira forma de posicionamento ante o polêmico assunto, que diz respeito àquela atitude pretensamente democrática, no "tom" de que cada um faz o que quer ou de que é uma opção que cabe ao indivíduo decidir, a partir de sua preferência homossexual ou heterossexual.

Então, já temos aqui três vertentes distintas de como os grupamentos humanos estabelecem respostas que vão desde a condenação brutal, a repressão, a violência sob todas as formas de manifestação contra o indivíduo homossexual, até chegar ao extremo oposto, em que o homossexualismo é cantado em prosa e verso como expressão de virtude e coragem. Nesse sentido, existe uma correlação estabelecida de forma inadequada do indivíduo homossexual com a criação artística, com o talento variado, numa idealização do mundo homossexual, o que, penso eu, visa a negar o sofrimento mental que é, via de regra, a sua cor mais forte.

Há poucos anos, o jornal *Zero Hora* nos premiou com um exemplo do que estou falando. Na época, foi feita reportagem de página inteira com os dez candidatos à Prefeitura de Porto Alegre. Na referida matéria foram feitas perguntas sobre temas polêmicos, tais como a concepção de Deus, do aborto, da pena de morte e do homossexualismo. A pergunta sobre homossexualismo refletiu o que historicamente sempre foi motivo de debate com respeito ao tema: homossexualismo é opção ou doença? Claro está que no encaminhamento das respostas estão resguardados os interesses político-eleitoreiros imediatos de alguns candidatos mais populistas, uma vez que os votos, todos, sem exceção, quer sejam de eleitores homossexuais, quer sejam de eleitores heterossexuais, têm o mesmo valor de um voto.

Seguindo adiante no nosso ensaio provocativo a um debate que é multidisciplinar, penso que a Psicanálise, em termos gerais, não tem o homossexualismo como uma questão a ser votada, como ocorre nos programas de auditório ou nas enquetes jornalísticas na base de quem é a favor e de quem é contra.

A compreensão psicodinâmica da sexualidade humana tanto normal quanto patológica começou com Freud em 1905, por meio do consagrado texto "Três ensaios sobre a teoria da sexualidade". Escreveu no referido texto que o instinto sexual ou libido estaria presente em toda criança desde o nascimento em forma desorganizada ou imatura. Essa etapa pré-genital da sexualidade infantil, denominada de "perversa polimorfa", proveniente das necessidades de gratificações não-genitais, teria seus correspondentes nos atos de: mamar, comer, defecar, olhar, exibir, tocar, cheirar. São os assim denominados *instintos parciais* ou *componentes*. Estes, progressivamente, tenderiam a uma integração sob o predomínio da primazia genital, mas nunca desaparecendo de todo e de alguma forma persistindo nos jogos sexuais preliminares do adulto, manifestados por meio do olhar, do tocar, do cheirar, do beijar, etc. Em razão do exposto, não é difícil entender que uma disposição para qualquer perversão da sexualidade adulta, na sua essência heterossexual, respeitando e aceitando as diferenças, a complementariedade dos sexos e a potencial capacidade reprodutiva, é universal, existindo em todos nós.

Todos tivemos uma relação na nossa infância com um pai e com uma mãe ou substitutos destes, caracterizando um modelo de vínculo com uma pessoa do mesmo sexo e um modelo de vínculo com uma pessoa do sexo oposto, residindo aí as bases primitivas para uma disposição predominante tanto homo quanto heterossexual na vida adulta. Portanto, para haver a manifestação sexual homossexual, concorrem múltiplos fatores, tanto evolutivos quanto ambientais, e na sua maior parte tendo uma qualidade mental inconsciente, o que logo determina que esta tal opção consciente na base do "cada um faz o que quer" não corresponde bem à realidade. Cada indivíduo faz o que pode quanto à sua vida e conduta sexual segundo uma complexa interação de influências biológicas, evolutivas, intrapsíquicas relacionais e culturais. Não existe um único determinante para a escolha objetal homossexual ou heterossexual, pois são múltiplos os fatores que, interagindo em determinado indivíduo, configuram a resposta homossexual e, em outro, não.

Acho oportuno relembrar a todos aqui presentes que a sexualidade está sempre intimamente conectada com vários aspectos da personalidade do indivíduo como um todo. Dessa forma, é fácil entender que podemos encontrar a coexistência de desvios da sexualidade em indivíduos neuróticos, em personalidades limítrofes, em psicóticos, em sociopatas ou até mesmo naqueles quem mantenham uma razoável adaptação social.

Uma característica comum a todas as formas de perversão é sua natureza repetitiva, estereotipada e compulsiva, cujo propósito primário é a obtenção de um alívio imediato para a ansiedade, numa verdadeira descarga por meio da conduta sexual desviada, que apenas secundariamente representa algum prazer sexual, um ganho momentâneo e ilusório que, em muitas oportunidades, leva o observador desavisado a entender o ato perverso como uma opção, e não como expressão de uma personalidade doente e acenando para um conluio perverso, a bem de negar uma realidade que, uma vez constatada, gera dor psíquica.

De maneira esquemática e simplista, boa parte da literatura ressalta que o paciente homossexual tem o seu prazer heterossexual, genital, bloqueado e evitado fobicamente, em favor da gratificação pré-genital, pelo temor à castração, o que se reveste clinicamente das mais variadas roupagens.

No tocante à procura de tratamento, em muitas situações nos deparamos com pessoas que procuram algum tipo de ajuda por apresentar sofrimento emocional intenso, sentimentos de culpa, temor da perda do controle dos impulsos agressivos, o que pode ser acompanhado por intenções suicidas. O medo de vir a psicotizar. No caso da homossexualidade, como exemplo, esta passaria a funcionar como um verdadeiro corpo estranho, gerando mal-estar e sofrimento psíquico. A homossexualidade na situação descrita é egodistônica porque não se encontra em consonância com o resto da personalidade do indivíduo. Na situação oposta, há uma verdadeira egossintonia entre o desvio sexual e o todo do indivíduo. O sofrimento psíquico não está presente, e os ganhos com a perversão são até mesmo exaltados pelo paciente— se é que podemos chamá-lo assim...

A propósito, me ocorre o exemplo de um jovem que, a partir de sua conduta e escolhas homossexuais, gerou grande ansiedade em determinada instituição, que colocou a situação nos seguintes termos: ou procuraria tratamento psicológico, ou seria excluído da referida entidade. Fui contatado. Nas consultas de avaliação, não demonstrava nenhum tipo de sofrimento emocional com sua conduta homossexual manifesta nem motivação para tratamento e disposição à mudança psíquica, pois não via razão para tal; apenas viera conversar comigo pela coerção do meio circunstante. Seu pai era pessoa ausente e sem importância na sua vida mental, ao contrário da mãe, com quem mantinha vínculo simbiótico até mesmo o estimulando para que vestisse as roupas dela. A pergunta que ficou para muitos é se o referido jovem estava psiquicamente enfermo ou não. Se a homossexualidade manifesta era opção ou doença.

No meu ponto de vista, o jovem era portador de uma patologia importante com alteração da sua identidade nuclear de gênero, com alterações por momentos delirantes na percepção do seu ego e esquema corporal que eram determinantes para as escolhas amorosas homossexuais e orientação sexual. Suas escolhas eram compulsórias.

O seu tratamento, penso que promoveria uma provável desestruturação na sua vida mental. Haveria um grande sofrimento psíquico pela potencial quebra da sua estabilidade emocional, que se dava por meio da adaptação homossexual. Então, o que muitas vezes parece ser uma opção sexual consciente não o é e está a representar uma possibilidade necessária, compulsória, inconscientemente determinada para evitar a ruptura, a desintegração mental, a psicose.

Como podemos depreender do exposto, a sexualidade, bem como a orientação e as escolhas amorosas, tem sua própria história desenvolvimental bastante complexa. É multifatorial. A sexualidade, como a identidade de gênero, transcende qualquer classificação estritamente dicotômica, constituindo-se de diversos elementos que estão dispostos em uma verdadeira equação etiológica, que serve tanto para a saúde mental quanto para a doença, que são, do ponto de vista da Psicanálise, conceitos que coexistem em todo indivíduo em constante tensão dialética. Tal equação é consagrada como:

Constituição + vivências infantis + traumas = saúde e/ou doença emocional

Sem mais delongas, espero, com esta breve exposição, contribuir para um produtivo debate sobre o apaixonante tema das relações objetais, escolhas amorosas e orientação sexual. Agradeço a todos pela atenção dispensada.

PSICANÁLISE E CULTURA:
UM DIÁLOGO EM CONSTRUÇÃO

Cláudio Laks Eizirik*

Este evento se insere em uma série de atividades que as nossas instituições filiadas à IPA estão desenvolvendo, não só aqui, mas em várias partes do mundo, dentro de uma tendência atual de retomar o diálogo com a cultura. A Psicanálise começou com um diálogo com a cultura e, progressivamente, nas décadas seguintes, houve certo afastamento. A Psicanálise passou por um período de encastelamento, mas nas últimas décadas tem havido todo um movimento de retomada de contato com a cultura.

Então, a primeira questão é: o que significa cultura? Ou seja, a que estamos nos referindo quando pretendemos fazer uma discussão, uma conversação entre Psicanálise e cultura? O próprio Freud se encarregou de dar essa definição em *O Futuro de uma Ilusão* (1927), quando disse que "cultura compreende todo o saber e o poder conquistados pelos seres humanos para chegarem a dominar todas as forças da natureza e extrair os bens naturais, com os quais satisfazer as necessidades humanas, e por outro lado, todas as instituições necessárias para regular as relações das pessoas entre si e, muito especialmente, a distribuição dos bens naturais alcançáveis". Existem pelo menos duas acepções. Esta é a acepção que Freud usa, por exemplo, no livro *O Mal-Estar na Cultura*, que foi também traduzido como *Mal-Estar na Civilização*. A cultura como civilização, a cultura como uma forma de relação entre as pessoas, ou como as

---
**Membro efetivo, analista didata da Sociedade Psicanalítica de Porto Alegre.*

características de um determinado grupo social ou cultural. O outro significado possível de cultura é um significado mais comum, ou seja, cultura é aquilo que compreende as artes, o saber, a filosofia, a literatura, poesia, música, escultura, e assim sucessivamente.

Assim, temos esses dois significados. Dentro de determinada cultura, podemos falar, por exemplo, de subculturas. Temos uma cultura brasileira, temos uma cultura latino-americana, temos uma cultura gaúcha e temos uma cultura porto-alegrense, no sentido de conjunto de características aqui descritas por Freud. Tanto no que se refere à inserção da Psicanálise na cultura ou civilização, como no que se refere às relações da Psicanálise com as expressões culturais, aqui compreendidas as artes e as várias formas de pensamento. Temos, os psicanalistas, algo a dizer e algo a discutir.

Isso posto, poderíamos indagar-nos: qual é a trajetória cultural de Freud? Suponho que haja uma razoável familiaridade com o fato de que Freud era um homem do seu tempo e um homem da sua cultura. Ele não só estava completamente familiarizado com todos os desenvolvimentos culturais, como também estava familiarizado com todos os principais desenvolvimentos científicos. Embora não fosse um homem do Renascimento, época em que era possível a um Leonardo da Vinci ou a um Michelângelo, mas principalmente a um Leonardo ter um conhecimento quase que completo do que havia naquele momento de ciências e de artes, Freud viveu ainda uma época em que uma pessoa culta podia acompanhar os principais desenvolvimentos do seu tempo. Chama a atenção na trajetória pessoal de Freud uma dicotomia que, curiosamente, também pode ser observada em Leonardo da Vinci. Freud era um homem de ciência, mas ao mesmo tempo era um homem das humanidades. Então, se por um lado ele tem uma trajetória científica e fez todo um percurso coerente dentro do paradigma científico de seu tempo, desde pesquisador fisiológico até pesquisador da mente, ao mesmo tempo pode-se dizer que ele tem um percurso intelectual ligado às humanidades. Por exemplo, dificilmente lhe escapavam os principais movimentos literários, não era muito chegado a algumas formas de arte como a música, razoavelmente ao teatro, mas era completamente vinculado com a literatura; não era tão entusiasta da poesia, mas era uma pessoa que acompanhava os movimentos das idéias e tinha um relativo conhecimento filosófico, embora desconfiado com a filosofia, uma relação ambivalente para usar uma palavra psicanalítica. Freud tem muitos pontos de contatos com Nietzche. Ele, algumas vezes, cita Kant e Schopenhauer, tem um conhecimento filosófico, embora procurasse se caracterizar como alguém que pensava a partir do que observava clinicamente e dizia que não queria se deixar influenciar pelas idéias filosóficas de sua época.

Outro fato significativo é que Freud viveu num contexto cultural específico: a Viena do fim do século XIX corresponde aproximadamente à Nova York de hoje, talvez à Paris de algumas décadas atrás. A importância da inserção de Freud em Viena é porque ali está havendo todo um movimento de renovação cultural e artística, em que pensadores, artistas, arquitetos, músicos estão numa explosão de idéias, propostas, inovações, e esse contexto cultural certamente teve alguma influência sobre Freud. Alguns nomes desse período e desse movimento cultural são bastante reconhecidos: Schnitzler, Hofmannsthal, Klimt, Kokoschka, Schoenberg, Otto Wagner, Herzl, cada um deles deixando sua influência em um campo específico de atuação.

Como em outros temas, os psicanalistas se dividem em dois grupos. No caso dos psicanalistas a respeito do contexto cultural, há um grupo que diz que Freud só poderia ter surgido em Viena no fim do século XIX, e há outro grupo que diz que Freud surgiria com suas idéias em qualquer lugar, em qualquer época e em qualquer cidade. Não existe ainda um grupo vencedor. Eu, particularmente, a partir das coisas que li, tenho a tendência a considerar que o contexto em que ele viveu, o fato de que ele era de uma família judia, que tinha tido de sair do interior para chegar à cidade e enfrentar sérias dificuldades e o fato de encontrar um ambiente cultural fervilhante, contribuíram para que as idéias psicanalíticas emergissem justamente nesta Viena do fim do século XIX e início do século XX.

Renato Mezan, um psicanalista brasileiro muito conhecido, escreveu um livro chamado *Freud — Pensador da Cultura*, que quer dizer que Freud, embora possa parecer surpreendente, em pelo menos 40% dos seus escritos reflete sobre a relação do homem com a cultura, reflete sobre aspectos da cultura em que nós estamos inseridos. Então, ele pode ser considerado não só como alguém que desenvolveu um tipo de tratamento, um método de investigar o inconsciente, como pode ser considerado um pensador da cultura. Alguns de seus livros, por exemplo, *Totem e Tabu*, *A Psicologia das Massas e Análise do Ego*, *O Futuro de uma Ilusão*, *O Mal-Estar na Cultura*, *Moisés e o Monoteísmo*, são os chamados trabalhos culturais, em que ele, de vários ângulos, reflete sobre a cultura em que estamos imersos. *O Mal-Estar da Cultura*, por exemplo, é um dos mais interessantes, porque de alguma maneira ele discute o projeto modernista dentro do qual surgiu a Psicanálise e faz uma crítica a esse projeto, que é considerado, hoje, relativamente ingênuo, na medida em que ele dizia que se conseguiria o progresso, a felicidade, a justiça, e a razão nos levaria a conseguir a liberdade. Hoje em dia, com a falência do projeto iluminista, se sabe que as coisas são bastante mais complicadas.

Ao próprio Freud, embora tenha surgido com a Psicanálise dentro desse movimento, não escapou a fragilidade dessa ilusão, assim como ele não se deixava iludir, por exemplo, por outro projeto, que foi o projeto marxista, em que se prometia a felicidade por meio da igualdade das classes, pretendendo ignorar as diferenças individuais e as motivações inconscientes. Freud tem um trabalho em que descreve isso como uma ilusão, já que desconsidera a essência da natureza humana, e ele tem também o trabalho *O Futuro de uma Ilusão,* em que critica a religião ou todas as religiões, que eram, ao seu ver, igualmente ilusões, que prometem um mundo melhor, mas essencialmente protegem os crentes da realidade da finitude da vida. O que observamos hoje sobre os diversos tipos de fundamentalismo evidencia bem tais ilusões.

Pode-se dizer que aqui há uma palavra que talvez se possa aplicar a Freud e aos psicanalistas que o seguem: *uma postura crítica*, e isso significa uma certa desconfiança intelectual. Conforme sugeriu Paul Ricoeur, os três mestres da suspeita seriam Nietzschze, Freud e Marx, cada um com certa suspeita sobre as verdades estabelecidas e sobre as coisas muito certas. Numa ocasião, Freud chegou a dizer que viera para perturbar o sono da Humanidade, pois as descobertas sobre o inconsciente, a sexualidade infantil, a ambivalência de todas as relações humanas, a enorme quantidade de agressividade reprimida e as fantasias inconscientes que se mostram disfarçadamente nos sonhos de uns e nas ações descontroladas de outros não são notícias sobre nós mesmos que recebemos com muita satisfação.

O que aconteceu depois que Freud lançou essas primeiras idéias? Aconteceu que os psicanalistas das gerações seguintes deram continuidade a essa reflexão, e aí nós podemos ver, em cada década, só para citar alguns, personagens que foram construindo o pensamento psicanalítico.

Bion, que aparentemente tratava muito mais da mente e também discutiu o funcionamento dos grupos, a partir de suas experiências pessoais na II Guerra e atendendo soldados e trabalhando em instituições, tem contribuições importantes nessa compreensão. Winicott estudou muito as questões relativas ao grupo familiar e à sociedade e falou até sobre a democracia. Podemos também pensar em pessoas mais recentes, como, por exemplo, um psicanalista francês, Rene Kaes, que estudou muito a questão dos grupos. Otto Kenberg, que é um psicanalista contemporâneo que estuda ideologia, organizações sociais; Eliot Jaques, que é um psicanalista inglês e que, nos anos 60 e 70, escreveu sobre os sistemas sociais como defesas contra a ansiedade. E existe uma linha psicanalítica chamada *os culturalistas*, que durante alguns anos andaram muito em moda: Erich Fromm, Karen Horney e outros, que estudavam essas relações entre Psicanálise e cultura, tentando aproximar algumas idéias marxistas com idéias psicanalíticas.

A contribuição da Psicanálise para a reflexão atual sobre a cultura chama a atenção para uma série de aspectos, como, por exemplo, a velocidade das comunicações, uma cultura de imagens predominando sobre a imaginação, a busca rápida de satisfações e descargas instintivas, a dificuldade com o estar só ou a solidão, a dificuldade com a reflexão, o estímulo incontrolável à ação e um aspecto que Kenberg descreveu que é a tentação da convencionalidade. Ou seja, temos uma cultura em que o convencional, o conhecido é muito estimulado. Um exemplo que todos nós conhecemos é o conjunto desses programas de televisão em que as pessoas ficam ligadas a um comunicador que dirige as mentes, não só nos domingos à tarde, mas em diversas noites. Há uma série de programas que merecem uma crítica, como *Big Brother* e os demais do gênero, em que há todo um simulacro de relacionamento. Tudo é exposto. Tudo é aberto, as câmeras estão por toda a parte e questões como a intimidade, a privacidade, o respeito às diferenças são absolutamente desconsideradas; tudo é público, tudo é aberto, tudo é possível. Assim, penso que se pode fazer uma crítica a partir de algumas noções psicanalíticas a certa perda de limites e a certa perda de respeito a algumas características individuais.

É possível fazer leituras psicanalíticas de temas brasileiros, ou releituras brasileiras de questões psicanalíticas. Existem trabalhos muito interessantes nessa área. Vou mencionar apenas alguns. Um analista muito inspirado no nosso meio e saudoso amigo de muitos de nós, Fernando Guedes, escreveu alguns trabalhos em que procurava aplicar os conhecimentos psicanalíticos a manifestações culturais brasileiras e riograndenses. Por exemplo, ele examinou o livro *Os Velhos Marinheiros*, de Jorge Amado, e a lenda do negrinho do pastoreio, a partir do conto descrito por Simões Lopes Neto. Tanto num como noutro, Fernando Guedes destacou que são lendas ou histórias em que um conjunto de fantasias inconscientes de um grupo, ou região, tomam a forma literária, e dão expressão aos anseios vividos em determinado momento. Assim, a Psicanálise se relaciona com a cultura também no estudo dos mitos, que é toda uma área que tem sido desenvolvida. É possível, por meio dos mitos, fazer certa analogia, ou seja, os sonhos da pessoa, do paciente individual, nos mostram os mitos que ele constrói dormindo, e por meio dos mitos coletivos nós podemos ver os sonhos que as nações e os países constroem, ao longo de sua história e dos seus heróis. Há uma série de heróis que não é bom analisar minuciosamente; é melhor deixá-los quietos, porque eles foram construídos como mitos para reforçar e caracterizar uma identidade nacional ou regional. Recentemente, foi publicado por Paulo Favalli outro trabalho sobre a salamanca do jarau, que consta num dos números da *Revista de Psicanálise da Sociedade Psicanalítica de Porto Alegre* e que também é uma análise de um mito gaúcho, que já tinha sido utilizado por Érico Veríssimo numa seqüência de *O Tempo e o Vento*. Favalli retoma e dá uma interpretação a partir de um ângulo contemporâneo. Então, há uma série de aproximações.

Em *A Paranóia do Soberano: uma incursão na alma da política*, escrito por um psicanalista do Nordeste chamado Valton de Miranda Leitão, que é uma abordagem marxista e psicanalítica, ele propõe um diálogo sobre as idéias de Marx, Freud, Maquiavel e Bion e examina dos pontos de vista psicanalítico e marxista a lenda ou a história do Padre Cícero, a história do Antônio Conselheiro e algumas questões da política contemporânea brasileira. Penso que é um bom exemplar de como se pode usar idéias psicanalíticas para tentar entender fenômenos sociais e culturais. O autor conta algumas situações tragicômicas em que foi chamado para algumas intervenções terapêuticas em grandes grupos de esquerda e em que trabalhou psicanaliticamente com expressões culturais.

Então, o que tudo isso quer dizer? Se é que alguma coisa quer dizer e se faz algum sentido. O sentido é que a Psicanálise é uma expressão da cultura, emergiu num momento particular da cultura, desenvolveu-se acompanhando a cultura e recebe a influência da cultura, além de também a influenciar. Hoje, os psicanalistas não só estão interessados em estudar a cultura, como estão voltando as suas lentes para as culturas psicanalíticas, ou seja, não é a mesma coisa uma pessoa ser um psicanalista em Porto Alegre, em Buenos Aires, em Paris, em Fortaleza, em Nova York, e assim por diante. Então, alguns dos últimos encontros mais interessantes têm sido assim, encontros inter ou transculturais. Há pouco tempo tivemos um, em Paris, em que os franceses tentaram mostrar aos americanos e latino-americanos em que consiste a Psicanálise francesa. Eles mostravam sessões transcritas em que os outros tentavam ver o que eles, ou nós de fora, faríamos se fôssemos os analistas naquele contexto. A discussão foi muito interessante, porque embora pareça que a Psicanálise é uma coisa só, ela tem tanta influência cultural que, por exemplo, a Psicanálise francesa com a presença de Lacan e com a presença da filosofia, com a presença do humanismo da cultura francesa tem uma direção específica, completamente diferente da Psicanálise norte-americana tanto na teoria como na prática, com toda a cultura que se desenvolveu nos Estados Unidos, com todo o utilitarismo, o aspecto prático, com a objetividade, com a classificação com que os norte-americanos lidam com os assuntos científicos e humanísticos. E nós temos uma Psicanálise desenvolvida na América Latina, temos vários autores, principalmente argentinos, mas alguns brasileiros e de outros países que têm contribuído com várias idéias e sugestões para uma construção de uma cultura psicanalítica latino-americana.

Tentando finalizar: o que a Psicanálise oferece? Ela oferece o espaço para o pensar crítico, ela oferece uma visão crítica, subversiva, não suscetível a qualquer domesticação convencional na busca dos significados inconscientes dos fenômenos individuais e coletivos. No momento em que a Psicanálise se torna bem-educada e bem-comportada; no momento em que um tratamento psicanalítico é muito tranqüilo e muito amistoso; no momento em que a Psicanálise aceita e se adapta à cultura vigente, alguma coisa está errada. A essência da Psicanálise talvez esteja naquela história infantil de que o rei está nu. De modo que a *Paranóia do Soberano* é um exemplo de uma tentativa de uma visão crítica, e penso que o que nós estamos tentando desenvolver é a manutenção do espírito que começou com Freud, uma mútua e necessitada fertilização cruzada entre Psicanálise e cultura.

Nesse diálogo contínuo, a Psicanálise vai se desenvolver nos próximos duzentos anos, como fez nos primeiros cem. E, nesse diálogo contínuo, eu penso que a cultura vai poder se beneficiar e ser menos convencional, menos repetitiva e menos hipócrita, porque vai estar atenta aos significados do inconsciente.

Psicanálise e filosofia:
Um panorama pela psicanálise.

*César Luís de Souza Brito**

Boa noite. Eu gostaria de agradecer ao convite feito pelo Dr. Mauro Gus e pela Dra. Ida Gus, coordenadores, e à comissão científica deste evento. É com muita satisfação que estou aqui nesse painel, juntamente com o colega Dr. Favalli, coordenador deste painel, e com o professor João Carlos Brum Torres, a quem tenho o prazer de conhecer.

A minha idéia é a de fazer uma conversa entre nós, mais do que expor uma conferência formal. Espero que os debates que virão a seguir forneçam respostas às dúvidas surgidas durante a minha apresentação ou despertem algumas questões em vocês para que possamos estabelecer uma troca.

O Dr. Favalli já adiantou que o tema deste painel é muito complexo. Ele é complexo não apenas pela vastidão do conhecimento da filosofia, que já se desenvolve há alguns milhares de anos, mas na Psicanálise, que, embora tenha apenas cerca de cem anos de existência, muito se tem produzido e grande influência provocou em toda a cultura ocidental.

Articular, portanto, esses dois temas, vocês podem imaginar que não é tarefa fácil.

Outra questão que me parece importante destacar é que, quando o psicanalista deixa o consultório para falar em Psicanálise, em certo sentido ele deixa de falar de Psicanálise e passa a falar sobre a Psicanálise. Conseqüentemente, todo modelo de confirmação de hipóteses, refutações, correções e possibilidade de reorganização do pensamento, inerentes ao processo psicanalítico, passa a

---
**Membro associado da Sociedade Psicanalítica de Porto Alegre.*

não mais ocorrer. Assim, o psicanalista passa a sentir-se um tanto desamparado ao falar apenas sobre a Psicanálise, e é assim que me encontro.

Fiquei pensando no que eu poderia falar. Não sou filósofo. Sou um curioso. Não tenho uma sistemática de filosofia, porém tenho uma formação em Psicanálise, de longa data, que me permite discorrer mais sobre esse particular conhecimento.

Então, eu pensei em fazer uma abordagem que talvez seja uma espécie de panorama, ainda que superficial e limitado da Psicanálise.

Tenho observado no mundo acadêmico de que quando se fala em Psicanálise, geralmente se pensa em Freud e sua obra. Atualmente, a obra de Lacan também tem entrado nos estudos acadêmicos. Mas o que me chama a atenção é que se acaba confundindo Psicanálise apenas com esses dois autores, Freud e Lacan, tanto para a crítica como para os reconhecimentos. Pensei, então, ser útil, não só para a conferência de hoje, mas para todo o restante das conferências vindouras, oferecer uma visão mais ampla da Psicanálise e o seu desenvolvimento.

Nestes pouco mais de cem anos de existência da Psicanálise, algumas correntes de pensamento psicanalítico foram criadas e grande produção científica e interação com o campo da cultura em geral têm sido feita, ampliando o alcance de se pensar na Psicanálise. Esses desenvolvimentos resultaram em uma ampliação tal que hoje em dia poderíamos falar em várias *psicanálises*. Várias escolas com aspectos de teoria específicos sobre o psiquismo e técnicas específicas que dão conta de sua compreensão de trabalho psicanalítico. No entanto, do ponto de vista geral podemos falar em *psicanálise* quando alguns conceitos básicos estão presentes, tais como a noção de inconsciente freudiano e seu determinismo psíquico, a noção de pulsões ou relações de objeto, de transferência e de associação livre. Talvez um ou outro conceito a mais poderia compor o quadro formando o conceito de *psicanálise*.

Por vezes, os diversos autores com que vocês vão ter contato agora vão desenvolver técnicas e abordagens teóricas ante as quais poderíamos dizer que um faz um tipo de psicanálise que seria inimaginável para o outro fazer. Até mesmo essas diferenças poderiam ser questionadas, a ponto de ser consideradas erros técnicos. Como exemplo disso temos o fato de que Lacan apregoa o tempo livre da sessão, algo inaceitável por um kleiniano ou um freudiano. De outra parte, para um lacaniano ou um freudiano seria inadmissível o uso do sentimento contratransferencial para apoiar na inferência de uma interpretação, como os pós-kleinianos podem fazer, pois isso equivaleria a um erro técnico, com a interferência contratransferencial.

Mas, então, vamos conhecer um pouco desses autores.

Na seleção que eu fiz vão aparecer muitos autores, mas não todos os autores importantes. Poderemos comentar após sobre os que ficaram de fora. Seis deles, me parece, têm importância fundamental em termos de desenvolvimento dentro da Psicanálise: Freud, Melanie Klein, Lacan, Winnicott, Bion, e poderíamos acrescentar Kohut, pois vão criar escolas que seguem passos próprios.

Como todos sabem, tudo isso começou praticamente em 1895, com a introdução da obra de Freud sobre seus estudos de histeria. Freud é um autor bastante conhecido, e o associamos imediatamente com a Psicanálise. Ele foi fruto de seu próprio século.

A música que vocês estão ouvindo de fundo era uma música de que Freud gostava. Como curiosidade, sabemos que ele não tinha muita afinidade com a música. Desde pequeno, incomodava-se com sua irmã, não a deixando que tocasse piano porque ele tinha de estudar. Mas me chamou a atenção que ele gostava muito desta música, que se chama *La soularde,* cantada por Yvette Guilbert, sobre uma mulher bêbada.

A obra de Freud nasce em Viena, na Viena do fim do século, como uma grande cidade que possuía uma condição de centro do mundo, como podemos pensar em Paris de antes da Segunda Guerra Mundial ou em Nova York nos dias de hoje.

Lá estavam muitos movimentos culturais, e, no entanto, embora Freud vivesse em Viena, estava sempre longe dessa Viena cultural. Ele estava envolto nos seus pensamentos, na sua autoanálise, muito ligado com o Fliess por meio das cartas e nem sempre afeito às novidades culturais que estavam acontecendo em Viena, embora ficasse sabendo delas pelos amigos.

Freud vem de uma tradição do idealismo alemão e da idéia do positivismo, no qual havia uma crença de que a razão seria o que levaria a Humanidade para a sua redenção. Vários autores vinham desenvolvendo a idéia de buscar o elemento racional como algo objetivo, como dado, como aquilo em que nós todos podemos confiar, e nesse período Freud começa a fazer um movimento para descobrir, por meio de toda a investigação psicanalítica, que a busca do racional como redenção das pulsões não era a verdade e que, em realidade, o que conhecíamos como móvel da consciência era o mínimo das motivações da determinação da conduta humana e que a grande força provinha do processo inconsciente, que ele vai chamar de *inconsciente*, e nós passamos a conhecer como inconsciente freudiano.

Se vocês lembrarem, é nesse período histórico que também começam a surgir outras teorias que vão deslocando o ser humano desse egocentrismo: Darwin, com a idéia da evolução das espécies; Marx, mostrando toda uma conjuntura socioeconômica determinando condutas humanas. Freud vai trabalhar dentro da mente humana.

Eu gostaria de mostrar alguns fragmentos da vida de Freud (mostram-se alguns filmes).

Isto aí é em 1936, praticamente dois anos antes de sua morte, já estava com câncer, com o maxilar metálico que ele detestava, mas preferia ter o maxilar metálico a não ter maxilar. Esta de vestido colorido é Rosa, sua irmã. E aqui ele aparece com Anna Freud.

Vemos que Freud vai desenvolver toda a obra e podemos nos perguntar: o que ele está buscando? Ele está buscando conhecer o desenvolvimento do inconsciente. Passa por várias etapas de desenvolvimento de seus conceitos e, fundamentalmente, centra-se numa pedra angular de sua obra: a questão da sexualidade.

Para que essa pedra angular fosse mantida, ele precisava de um grupo de pessoas que pudesse compreender a profundidade e inovação de seus conceitos. Assim, criou-se o que foi chamado de Círculo Secreto de Freud.

Eram pessoas interessadas na obra dele e que tinham como finalidade regular e buscar a fidelidade das publicações psicanalíticas, do trabalho psicanalítico, principalmente mantendo a idéia da sexualidade e da sexualidade infantil.

Hoje em dia não temos a noção do que foi o impacto desses novos conceitos na Viena daquela época. Entretanto, Freud começou a analisar as pessoas e a descobrir que elas tinham lembranças reprimidas, e aqueles adultos que então vinham ao seu consultório começaram a falar da sexualidade lá na sua infância. Para Freud, foi certa surpresa. No começo, ele compreendeu esses fatos concretamente e levantou a hipótese de que as neuroses histéricas eram provenientes da sedução dos pais sobre suas filhas. Evidentemente, isso causou um mal-estar na sociedade vienense. Freud chegou a pensar em sair da cidade, ele que estava recentemente começando a se estabelecer.

Aos poucos, Freud foi reconhecendo que muito daquilo que lhe era contado tinha a ver com fantasias e, a partir daí, vai reformular a teorização sobre a vida psíquica do ser humano, apontando para o desenvolvimento da sexualidade na infância e os seus conteúdos inconscientes.

Os colegas que mantinham esse Círculo Secreto e que buscavam ampliar os conhecimentos da Psicanálise eram estes aí (apresentando o *slide* para a platéia): Otto Rank, de pé à minha direita; Abraham, que foi muito importante depois na obra de Melanie Klein — foi analista dela; Eitingon; Ernest Jones, que desenvolveu todo um trabalho sobre a feminilidade. Vocês lembram que Freud tinha um problema com a questão da interpretação da mulher, e ele acabou deixando sua concepção feminina muito aquém daquela que hoje temos em Psicanálise. Jones vai tentar resgatar a Psicanálise dessa limitação, e, posteriormente, Melanie Klein vai dar uma grande expansão para a compreensão dos aspectos da feminilidade.

Aqui vemos Freud sentado; Ferenczi, que também foi importante para Melanie Klein, porque foi uma das pessoas que a estimulou a trabalhar com as crianças; e Hans Sachs.

Não sei se vocês vão conseguir ler alguns nomes, mas este é um *slide* com alguns nomes presentes na Viena, convivendo com Freud (apresentando novo *slide*). Podemos ver Freud, Jung, Rank, Reich e Salomé, que era do ambiente psicanalítico. Depois nós temos Adler, que tinha uma ligação com Bower, um político de esquerda. Nós vamos ver Weber, Mahler, Wagner, enfim, várias mentes que influenciaram a cultura de todo o nosso século, que ainda hoje em dia escutamos e lemos. Então, pode-se ver que era um ambiente bastante rico culturalmente.

Freud explorou o desenvolvimento pulsional. Podemos falar no sentido da obra freudiana como a valorização da pulsão e suas conseqüências da relação dessas pulsões com a cultura. Na seqüência direta da obra do Freud, sua filha, Anna Freud, vai se especializar no desenvolvimento do estudo do ego, isto é, aquilo que está mediando a pulsão e a cultura, ou a civilização. Anna Freud também tem importância na medida em que, a partir de seu trabalho, vai estabelecer um grande debate na sociedade britânica de Psicanálise, propiciando um enriquecimento no desenvolvimento da Psicanálise, particularmente no grupo kleiniano, que se preparou também ativamente para esclarecer suas posições teóricas e técnicas (temos nas livrarias a publicação dessas *Controvérsias*, em português).

O trabalho de Anna Freud também foi muito importante nos Estados Unidos e talvez muito mais importante dentro dos Estados Unidos do que dentro da própria Inglaterra.

Lembrem-se que Anna Freud saiu da Áustria com o seu pai e foi para Londres em função da ocupação nazista. Com as invasões nazistas, vários analistas, muitos dos quais judeus, acabaram fazendo uma *diáspora psicanalítica* e semearam a Psicanálise em muitos países: Estados Unidos, Brasil, Argentina, entre outros.

Três deles foram para os Estados Unidos e foram responsáveis pelo desenvolvimento da Psicologia do Ego: Hartmann, Kris e Loewenstein (*slide*). A Psicologia do Ego serviu de base à Psicanálise americana até praticamente fins da década de 60. A ênfase era o estudo das relações do ego, do desenvolvimento do ego e o aspecto adaptativo do psiquismo humano. Um dos conceitos fundamentais para a escola da psicologia do Ego consistia na existência de partes egóicas livres de conflito. O que se opunha à idéia freudiana de que a vida mental era exclusivamente baseado no conflito intrapsíquico. Os membros da Psicologia do Ego desenvolveram a idéia de que haveria áreas livres de conflito e que, portanto, se poderia trabalhar com essas áreas na análise dos pacientes.

É interessante lembrar que Lacan tinha como um grande contraponto nas suas argumentações a Psicologia do Ego. O curioso é que Loewenstein tinha sido seu analista didata e, ao que consta, houve uma ruptura no fim de sua análise.

A próxima autora, contemporânea de Anna Freud, também contemporânea da Psicologia do Ego e que vai desenvolver um trabalho muito fecundo dentro de Londres e a partir daí formar o que veio a ser a escola kleiniana, é Melanie Klein (*slide*).

Melanie Klein vai fazer, no meu entender, uma grande revolução dentro da Psicanálise. Assim como Lacan, ela quase foi expulsa do círculo psicanalítico da Associação Internacional de Psicanálise, por se afastar de conceitos freudianos. Ela vai seguir a partir de determinado momento da obra freudiana com a noção de impulso de morte e vai desenvolver sua teoria sobre uma pulsão chamada de *inveja primária*, que seria, fundamentalmente, a motivação de todas as patologias, entre outros avanços. Mas sua importância fundamental é que ela vai trazer a idéia de um mundo psíquico na criança bastante precoce, ou seja, desde o nascimento, fazendo uma série de transformações e de evoluções. Assim, em torno dos seis meses, o bebê já estaria dentro de uma posição depressiva, sendo capaz de reconhecer e preocupar-se com seus relacionamentos (relações de objeto), evidentemente dentro de um marco intrapsíquico.

Ela vai notar que a mente humana sofre uma forte transformação nesse período que vai dar sentido a toda uma evolução posterior. Por isso que, se Freud falava, no primeiro momento, de fases de desenvolvimento da libido em que haveria uma fase questionavelmente chamada de autística, depois fase oral, fase anal e fase fálica, etc., Melanie vai mostrar que não existiria essa fase autística, que o bebê já nasce com relações de objeto, já nasce com o mundo, com noção de seu próprio corpo, evidentemente não uma noção que nós adultos temos, mas uma noção de objetos internos que representavam parte do seu próprio corpo.

Introduz, conseqüentemente, uma modificação importante sobre a noção de feminilidade: ela vai mostrar que uma mulher não é somente um menininho castrado; vai dizer que uma mulher reconhece-se em seu corpo feminino desde bebê e que tem a noção, a percepção da diferença, da vagina, etc. Isso faz com que se possa conhecer melhor o psiquismo da mulher. Existem muitos desenvolvimentos kleinianos também, mas não é nosso objetivo conhecer detalhadamente aspectos de sua obra (*slide* seguinte).

Melanie Klein também tinha o seu grupo e aí nós podemos ver alguns autores: Paula Heimann, Herbert Rosenfeldt, Hanna Segal, Susan Isaacs, Joan Rivière; temos também Betty Joseph.

Esse grupo foi se desenvolvendo a partir das noções kleinianas. Se pudéssemos pensar em termos de uma filosofia subjacente ao grupo kleiniano seria a noção de realidade interna, de mundo interno. Uma noção literalmente concreta. Quando lemos a obra da Melanie Klein, ficamos surpresos porque ela fala de objetos internos, concretos, reais, que estabelecem relações dentro de si e as interpretações dela são para esses objetos.

O grupo kleiniano foi se desenvolvendo e descobrindo noções importantes, como, por exemplo, a de *identificações projetivas*, que seriam identificações de parte da própria personalidade da pessoa, cindidas e jogadas para fora de seu *self*. Esses aspectos parciais de sua personalidade são cindidos de tal modo que a própria pessoa não reconhece aquele elemento psíquico como seu. No entanto, são aspectos da personalidade bastante ativos e que provocam reações emocionais e comportamentais nos outros, fazendo com que ela seja tratada segundo seus modelos internos de relações objetais. Assim, pode ocorrer uma externalização de seus conflitos intrapsíquicos, passando a ser atuados nas relações interpessoais. Por exemplo, alguém que possa ter muito ódio dentro de si, sem se dar conta, por meio de uma identificação projetiva, aciona os aspectos projetivos de um companheiro que se transforma em alguém com raiva, com desejo de atacá-la, de criticá-la, e a pessoa de quem parte a identificação projetiva fica se sentindo apenas como vítima das agressões, quando o que está ocorrendo é, na verdade, um aspecto próprio de sua personalidade, fazendo com que a outra pessoa funcione de forma estereotipada.

Esses conceitos vão ter importância grande na técnica da Psicanálise, pois, nesse momento, os psicanalistas do grupo kleiniano e pós-kleinianos vão começar a prestar profunda atenção em todos os aspectos, nos microaspectos da transferência, daquilo que acontece dentro da sessão, abrindo um campo enorme de novas compreensões sobre o processo terapêutico em Psicanálise.

Vamos passar o seguinte (*slide*).

Aí vemos surgir um novo autor, Wilfred Bion. Também britânico, também dentro do grupo kleiniano. Num primeiro momento, Bion começa a trabalhar com grupos e vai sofisticar a leitura kleiniana e até ampliar o conceito de algumas áreas. Ele vai, por exemplo, trabalhar com as noções de *conteúdo* e de *continente*, baseando-se nas suas observações.

Em seu trabalho vai descobrir que uma criança, ao nascer, já com todo aquele aparato psíquico kleiniano e suas relações de objeto, vai necessitar do uso da mãe não apenas para alimentar-se e ser cuidada, mas também para transformar emoções, sentimentos, percepções que ela, como bebê, não é capaz de identificar. E como ele usa isso? Usando a identificação projetiva para acionar, dentro da mente da mãe, o seu sentimento projetado. A mãe, funcionando num *estado de sonhar* (*revèrie*), pode identificar-se com o bebê necessitado e, por meio da elaboração psíquica, devolver um sentido para aquele estado emocional fora do campo de compreensão do bebê.

Esse tipo de processo, de interação mãe-bebê, também passa a ter uma influência técnica. O analista vai também se colocar numa posição não só daquilo que Freud chamava de atenção flutuante, ou seja, deixar sua mente flutuar pelas comunicações do analisando, mas, além disso, vai perceber que existem elementos na mente de seu analisando que surjem dentro de uma sessão e que se tornam importantes no entendimento de um estado psíquico que não pode ser nomeado por um paciente.

É aí que avança a Psicanálise para dentro de áreas em que até então era impossível de serem observadas. Por exemplo, de áreas das primeiras relações mãe-bebê. Como alguém poderia ter uma idéia, mesmo que muito distante, do que poderia ter acontecido nos primeiros dias de nascimento de uma criança, senão com essa possibilidade de trabalhar com a identificação projetiva? Claro que são especulações que têm sua confirmação na prática e é de difícil justificativa para quem não está acostumado a trabalhar dentro desses conceitos.

Outro grande nome foi o Winnicott (*slide*), que também vai trabalhar num aspecto muito parecido, embora com algumas diferenças a respeito da relação mãe-bebê. Fundamentalmente, ele vai demonstrar que no psiquismo vai haver construções de objeto, ou seja, construção da mente humana a partir de uma relação que existe dentro e fora, ao mesmo tempo, ou seja, dentro do mundo psíquico e na realidade. A isso, ele vai chamar de *espaço transicional*, onde os elementos vão ser parte realidade, parte provenientes das pulsões.

Winnicott vai conceituar também a função da mãe como *Holding*, como sustentação, para que a vida psíquica da criança aconteça.

Portanto, se vocês observarem, existe uma idéia subjacente aí, que corre paralelamente com os avanços, tanto na filosofia quanto na ciência, é a noção de função.

Já não é mais a mãe real, já não é mais uma parte de objeto da mãe, mas é uma função que aquele ser representa, ou que aquele objeto representa na estruturação do psiquismo dos bebês.

Vocês sabem que a Psicanálise teve muita resistência na França. Seguramente, dentro dos países desenvolvidos, a França foi o último a aceitar a Psicanálise. Isso porque na França a tradição filosófica era extremamente importante. O modelo de argumentação filosófica exercia sua força há vários séculos.

Assim, um dos introdutores e, certamente, o mais proeminente, da Psicanálise na França foi Lacan (*slide*), que foi afastado da Associação Internacional de Psicanálise (IPA) em função de problemas técnicos não-aceitos pela Associação Internacional. Ele se retira da IPA em função de não aceitar certas limitações que a Associação lhe estava impondo e monta a sua própria escola, que hoje vemos espalhada pelo mundo.

Lacan vai se aproximar e debater muito com toda a cultura francesa. Vai debater com pintores, escritores e filósofos, tanto os clássicos como os de sua atualidade. Vai trabalhar com a lingüística, de tal forma que introduz a noção de que o inconsciente se estrutura como uma linguagem. Não igual uma linguagem como lemos nos livros, mas *como se*, tendo uma estruturação, tendo uma linguagem própria.

Da mesma forma que os anteriores, ele vai fazer uma discriminação da função dentro da mente de um bebê. Vai falar que o inconsciente vai se estruturar segundo o inconsciente do outro, ou seja, aquilo que está no inconsciente da mãe e que a própria mãe não sabe, dando marcas de estruturação do desenvolvimento da personalidade no próprio bebê.

Vai introduzir a noção da lei paterna, do nome do pai, que seria o que vai dar o sentido de castração.

A castração para Freud era uma fantasia primitiva da criança. E ele a refere como hereditária. Estaria ligada às hordas primitivas, onde os primitivos castrariam seus filhos como penalização por tentarem usurpar as mulheres dos chefes tribais. Depois, Freud vai transformar essa noção em um conceito de fantasia, e aí surge o mito de Édipo, exemplificando isso.

Lacan vai demonstrar que a castração está presente como uma função também.

Desse modo, Lacan, Bion e Winnicott vão estar trabalhando dentro de um modelo de função, e não é por acaso que na matemática a noção de função também se estava estabelecendo, substituindo a de álgebra. Esses autores são fruto de sua época.

Outro nome que surge (*slide*) e que também fundou uma escola importante em termos de conhecimento psicanalítico nos Estados Unidos é Kohut.

Kohut é proveniente da Psicologia do Ego, mas vai desenvolver todo um trabalho que vai abordar fundamentalmente as questões do narcisismo. Vai interpretar a psicopatologia a partir de falhas que teriam ocorrido entre a mãe real e o bebê.

Logo, a técnica vai ser modificada, e o analista acaba ocupando um papel *real* no processo psicanalítico.

Se alguém teve falhas básicas em seu processo de desenvolvimento (por exemplo, uma mãe que estava deprimida), então o analista se coloca como um analista que não reproduzirá esse modelo de interação. Será, ao contrário, cooperativo, ativo que não se deprime ante as necessidades do paciente.

Ele vai desenvolver e abordar toda uma compreensão das chamadas *patologias narcísicas*.

Assim, se observarmos, para cada escola dessas existe uma filosofia, uma idéia que não é transparente num primeiro momento, mas tem uma força que faz com que as pessoas possam pensar.

Em determinado momento, a noção era a de que os pais seduziam os filhos, na famosa teoria da sedução. Em outro momento, isso era uma fantasia do paciente (e desenvolve-se a noção do complexo de Édipo). Adiante na evolução, que existe o mudo real e que a civilização é causadora das repressões. Depois, em outro momento, que existem funções independentes das pessoas reais (isto é, do mundo real). E assim por diante.

Qual é o grande problema disso tudo? É que cada escola psicanalítica praticamente criou seu próprio feudo, e não existe muita interação entre as diversas correntes teóricas. Os lacanianos não conversam muito com os kleinianos, que não conversam com os freudianos, que não conversam muito com os kohutianos, e cada uma faz o seu desenvolvimento. Ao mesmo tempo em que essa segregação determina limitações no desenvolvimento teórico e na comunicação dos analistas, também é o que move essas correntes para crescerem e ampliarem conhecimentos.

É por isso que podemos falar em *psicanálises*, embora todas se baseiem em elementos básicos. Então, a título de conclusão, hoje em dia podemos pensar que a Psicanálise não é sinônimo de obra freudiana, embora tenha provindo daí e muito de seu desenvolvimento posterior tenha sido a partir de linhas mestras iniciadas por ele. Obrigado pela atenção!

REFERÊNCIAS BIBLIOGRÁFICAS

1. JONES, E. *A vida e obra de Sigmund Freud*. Rio de Janeiro: Imago, volumes I, II, III. 1989.
2. GROSSKURTH, P. *O mundo e a obra de Melanie Klein*. Rio de Janeiro: Imago, 1992.
3. BLEICHMAR, N; BLEICHMAR, C. L. *A psicanálise depois de Freud*: teoria e clínica. Porto Alegre: Artes Médicas, 1992.
4. GUILBERT, Y. *La Soularde*. http://freud.t0.or.at/freud/media/audio-e.htm, 2003 (arquivo sonoro em mp3).

Psicanálise e história

*Rui de Mesquita Annes**

A relação da Psicanálise com a História começa já com Freud menino, escapava para a imaginação por meio de livros sobre o antigo Egito, Grécia e Roma, histórias sobre generais e suas façanhas militares. Assim era como o jovem Sigmund encontrava conforto e consolo, ao imaginar-se em vários papéis. A figura heróica que mais o atraía era a do conquistador, o general que, com suas armas, era vitorioso: Alexandre, O Grande, Napoleão e o cartaginês Aníbal, que atravessou os Alpes para atacar o poder de Roma. Outra figura marcante foi tirada de um drama da Grécia antiga: Édipo, que feriu seu próprio pai em combate, resolveu o enigma da esfinge e tornou-se rei de Tebas.

Esta relação continua com Freud adulto, pois em seu consultório, hoje museu, se encontram inúmeras estatuetas de diversas procedências, expostas em sua escrivaninha. Seriam mais de duas mil peças, segundo alguns, denominadas por ele de seus "velhos deuses encardidos".

Entrar no consultório do Dr. Freud havia de ser uma experiência fora do comum, tal como escreveu o Homem dos Lobos, Sergei Pankejeff: "A idéia não é de um consultório médico, mas de um gabinete de arqueólogo. Ali havia todo tipo de estatueta e outros objetos estranhos, que mesmo o leigo reconhecia como descobertas arqueológicas do Antigo Egito".

No fim do século XIX era possível adquirir essas peças antigas, deuses. "Deuses ainda existem", escreveu Freud a seu amigo Fliess, em 1899, "pois eu mesmo comprei um ou dois há pouco tempo, entre eles um Jano de pedra, que me contempla com as

---
**Membro efetivo da Sociedade Psicanalítica de Pelotas.*

suas duas faces, com um ar bastante superior". As recentes descobertas arqueológicas à época conferiram uma forma vívida à idéia de que os mortos não desapareçem. E Jano, é bom lembrar, o deus dos deuses romanos, era quem abria e fechava todas as coisas, que olhava para o lado de dentro e de fora, para antes e depois; um deus que Freud comprou com bastante pertinência, tendo em vista suas descobertas no fim do século XIX. É neste fim de século que o império czarista é considerado a prisão dos povos. O império austro-húngaro — a exemplo do otomano — apresenta-se como um mosaico de etnias que viviam os últimos tempos de um poder tão pomposo quanto aparente. Nesse espaço, que os historiadores batizaram de "Mitteleuropa", despontaram as obras de Musil, Mahler, Schnitzler e Zweig, Schönberg e Sigmund Freud. Todas essas obras, em diferentes graus, influenciaram a história das idéias do século XX. Sob esse signo nasceu a Psicanálise.

Mas, retornando ao consultório de Freud e observando sua coleção, podemos pensar que elas representam algo sobre cultura e que cultura é História. A variedade de estatuetas poderia representar a pluralidade da cultura, pois, com origens tão diversas, representam aquilo que Freud denominou "a esplêndida diversidade da vida humana", os "vários tipos de perfeição". A coleção destaca a existência de um sem-número de convenções culturais e toda sorte de mundos, tantos quantos formos capazes de descobrir. Mundos que a Psicanálise, assim como a História, concentra-se em compreender. Ao tentar compreender o passado, tanto uma disciplina como a outra trabalha no sentido de tornar legíveis as pistas ilegíveis e escava sob as superfícies até atingir camadas mais ocultas, que podem estar obscurecidas e distorcidas pela passagem do tempo ou pela necessidade dos protagonistas de negar verdades desagradáveis.

É oportuna uma rápida revisão das idéias de Freud e de seu legado. Convém lembrar que, após anos de reflexão sobre a natureza e o tratamento da neurose, Freud retornou à sua ambição original de solucionar alguns dos mistérios da vida humana. Certamente, no fim da década de 1890, ao concluir o trabalho "A interpretação dos sonhos", havia se convencido de estar desenvolvendo uma psicologia que explicaria não só a vida psíquica dos neuróticos, mas também a das chamadas pessoas normais. É precisamente o cunho ambicioso de seu pensamento — que por sua própria natureza professa uma validade universal — que o torna relevante para as perguntas rigorosas dos historiadores e para as respostas rigorosas que tentam fornecer. Já que, a rigor, a História é o estudo das perguntas, nota-se que, em geral, os historiadores que têm maior afinidade com a Psicanálise são mais ajudados pelas perguntas que Freud os habilita a fazer do que pelas respostas que lhes permite dar. Isso significa que a propensão para a análise permite aos historiadores atentar a certas nuances que, certamente, passariam despercebidas por outros colegas.

Desde de tempos inomináveis, perquire-se sobre as razões da existência da violência. Existe algum meio de livrar os homens da ameaça da guerra? É possível canalizar a agressividade dos seres humanos no sentido de protegê-los contra os impulsos de ódio e de destruição? Essas perguntas foram feitas a Sigmund Freud por Albert Einstein, em uma carta datada de 30 de julho de 1932, quando se espalhava na Europa a violência fascista e nazista. O pai da Psicanálise, que Einstein chama de "especialista na ciência dos instintos humanos", respondeu dois meses mais tarde, expondo suas idéias acerca das bases físicas do comportamento e apontando maneiras possíveis de cessar os conflitos que dividiam a Humanidade. Essa correspondência, sob o título "Por que a guerra?", foi publicada em 1933, pelo Instituto internacional de cooperação intelectual, precursor da Unesco. A publicação da carta, assim como de outras trocas de idéias entre destacados intelectuais da época, faz parte de uma das iniciativas mais importantes da Liga das Nações (cuja missão foi transferida, em 1946, à ONU) para preservar o espírito de paz, em que as ameaças pesavam cada vez mais. Setenta anos depois, esse documento pouco divulgado nada perdeu de sua validade e atualidade. Seguem extratos da carta:

Por que a Guerra?
Sigmund Freud

O senhor começa abordando a questão do Poder e do Direito, que é, sem dúvida, o ponto de partida adequado de nossa indagação. No entanto, eu substituiria a palavra "Poder" por uma outra, mais forte e mais reveladora: "violência". Existe hoje uma antinomia óbvia entre direito e violência. É fácil demonstrar que o primeiro deriva da segunda...

Os conflitos de interesse entre os homens resolvem-se, em princípio, pelo recurso à violência. O mesmo se passa no reino animal, do qual o homem não se pode pretender excluído; contudo, os homens também são propensos a choques de opinião, que chegam às vezes aos píncaros do pensamento abstrato, e cuja solução, ao que parece, requer outros métodos. Mas tal requinte só aparece mais tarde.

[...]

O recurso às armas permitiu que a supremacia intelectual tomasse o lugar da força física; mas o objetivo da luta permanecia o mesmo: obrigar uma das partes em conflito, quer por danos infligidos, quer pela destruição de sua força, a abrir mão de suas reivindicações ou de sua oposição. A maneira mais eficaz de atingir esse objetivo é eliminar definitivamente o adversário, ou seja, matá-lo.

[...]

• Da violência ao direito

... Sabemos que tal situação evoluiu e modificou-se, e surgiu um caminho que leva da violência ao direito. Mas que caminho é esse? Nasce sem dúvida de uma única verdade: que a união de várias fraquezas pode suplantar a superioridade de uma só força, ou seja, "l'union fait la force". Uma vez a força bruta sobrepujada pela união, o poder conjugado de vários elementos legitima seu direito sobre o gigante isolado.

Daí podermos definir "direito" (i.e., lei) como a força de uma comunidade. Mas esse direito, por sua vez, nada mais é que violência, sempre pronta a atacar quem lhe resista, e recor-

re aos mesmíssimos métodos, busca finalidades semelhantes. Há, porém, uma diferença: a violência já não é mais dó indivíduo, e sim da comunidade.

Contudo, a transição da força bruta ao primado da lei exige que se cumpra uma certa condição psicológica. É preciso que a união da maioria seja estável e duradoura. Se sua única "raison d'être" for a contenção de um poder mais forte, e se esse poder for derrubado e dissolvido, então a união não leva a nada. Qualquer outra pessoa, caso se considere mais forte que as demais, tentará reinstaurar o primado da violência, e o ciclo repetir-se-á interminavelmente.

Logo, a união da comunidade tem de ser permanente e bem organizada; tem de estabelecer leis capazes de enfrentar o risco de possíveis revoltas; tem de montar mecanismos que assegurem a observância das regras — as leis — e o devido cumprimento dos atos de violência previstos nas leis. O reconhecimento de interesses comuns cria entre os membros do grupo um sentimento de união e solidariedade fraterna que constitui sua verdadeira força.

Isso não é difícil enquanto a comunidade se compõe de um número limitado de indivíduos com força equivalente. Em grupos assim, as leis determinam até que ponto o indivíduo precisa abrir mão de sua liberdade pessoal, do direito de empregar a própria força como instrumento de violência, no intuito de garantir a segurança do grupo.

[...]

A partir de então surgem no seio do Estado dois fatores que propiciam tanto a instabilidade jurídica quanto a evolução legislativa: primeiro, os membros da classe dominante tentarão colocar-se acima das restrições da lei; e segundo, a constante luta dos dominados para ampliar seus direitos e fazer constar do texto da lei todas as suas conquistas, substituindo as limitações jurídicas por leis iguais para todos.

Esta segunda tendência será especialmente acentuada quando o equilíbrio de poder na comunidade mostrar uma mudança positiva, o que freqüentemente resulta de determina-

das condições históricas. Nesses casos, ou as leis se ajustam gradativamente às novas condições, ou então (o que é mais comum) a classe dominante reluta em assimilar os fatos novos, resultando daí insurreições e guerras civis, suspensão temporária dos direitos e mais uma vez o predomínio da força. Encerrado esse período, instaura-se um novo regime de direito. A transformação do direito também pode processar-se de modo inteiramente pacífico, mediante a evolução cultural dos membros da comunidade. Mas esse já é um outro fenômeno, que só poderemos abordar mais adiante.

Uma instância suprema

Vemos então que estando em jogo interesses conflitantes é impossível evitar o recurso à violência, mesmo no selo do próprio grupo. Mas as necessidades e os hábitos comuns que derivam da coexistência levam a uma solução rápida desses conflitos; assim, não cessam de progredir as possibilidades de solução pacífica. Basta um exame superficial da história do mundo para mostrar uma infindável série de conflitos entre comunidades, entre uma comunidade e um grupo de outras, entre grupos grandes ou pequenos, entre cidades, países, raças, tribos e reinos — conflitos, quase todos, resolvidos por meio de guerras, e guerras que terminam em saque, conquista e submissão completa dos vencidos.

Não é possível englobar em uma única definição essas guerras de conquista. Algumas, como a guerra entre mongóis e turcos, geraram apenas miséria; outras, porém, fizeram com que se passasse da violência ao direito, porque criaram unidades mais vastas onde não era possível recorrer à violência, e os conflitos eram atenuados pelo novo regime de direito.

Foi esse o benefício levado à área do Mediterrâneo pelas conquistas de Roma: a "pax" romana. Também as ambições territoriais dos reis da França criaram um reino florescente, unido e pacificado. Por mais paradoxal que seja, temos de admitir que a guerra é talvez um caminho para a paz constante que tanto desejamos, uma vez que cria vastas unidades em cujas fronteiras um poder central forte impede a eclosão de novas guerras. Porém, na prática esse objetivo não é alcançado, porque em geral os frutos da vitória duram pouco, as unidades criadas quase sempre se desagregam, uma vez que são produto da força e por isso carecem de verdadeira coesão. Até agora, todas as unificações conseguidas por essa via, por maiores que fossem, apresentavam limites, e as divergências entre elas só puderam ser resolvidas pelas armas. Todos esses empreendimentos militares levaram à substituição de guerras localizadas freqüentes, para não dizer constantes, por grandes guerras, menos freqüentes, porém muito mais devastadoras.

Examinando-se o mundo de hoje, chega-se à mesma conclusão a que também o senhor chegou, por um caminho mais curto. Só existe um meio seguro de acabar com a guerra: é criar, por consenso, um poder central ao qual caiba a última palavra em qualquer choque de interesses. E para tanto são indispensáveis duas condições: primeiro, a criação de um tribunal de última instância; segundo, que esse tribunal disponha da força executiva necessária. Se a segunda condição não for cumprida, a primeira fica invalidada. A Liga das Nações, atuando como Corte Suprema, preenche obviamente o primeiro requisito; mas não preenche o segundo. Não dispõe de força própria e só disporá à medida que lhe for outorgada pelos países-membros dessa nova organização. No momento, não cabe esperar isso.

Além disso, seria dar muito pouca atenção à Liga das Nações ignorar o fato de que se trata de uma experiência raramente tentada ao longo da História, e jamais em tais proporções. Trata-se de uma tentativa que apela para certos princípios ideais, no sentido de assumir uma autoridade (ou seja, influência coercitiva) que até agora residiu apenas na detenção de poder.

Vimos que há nas comunidades dois fatores de coesão: compulsões violentas e vínculos de sentimento ("identificações", em linguagem técnica) entre os membros do grupo. Caso um desses fatores se torne inoperante, o outro pode ser suficiente para manter o grupo unido. Noções desse tipo, obviamente, só são significativas quando expressam um arraigado sentido de unidade, compartilhado por todos. É necessário, portanto, aferir se esses sentimentos são eficazes. A história nos tem ensinado que isso já ocorreu. A concepção pan-helênica, por exemplo, que levava os gregos a se considerarem superiores a seus vizinhos bárbaros e que se expressou nas confederações anfictiônicas, nos oráculos e nos jogos, teve força suficiente para humanizar os métodos bélicos dos gregos ao lutarem entre si; mas não conseguiu, nem poderia conseguir, impedir conflitos armadas entre diferentes elementos da raça helênica, ou evitar que uma cidade ou uma federação de cidades se aliasse aos persas, um inimigo de raça diferente, para derrotar um rival. Durante a Renascença, a solidariedade da cristandade, que tanta autoridade detinha, tampouco foi capaz de impedir as nações cristãs, grandes e pequenas, de recorrerem ao auxilio do Sultão. Também em nossa época, procuraremos em vão algum critério unificador de inquestionável autoridade. É evidente que as idéias nacionalistas, hoje predominantes em todos os países, seguem uma direção contrária. Há quem sustente que os conceitos bolchevistas podem acabar com as guerras. Contudo, na situação atual, esse objetivo parece muito remoto, e talvez só possa ser atingido após guerras cruentas e brutais. Assim, qualquer tentativa de substituir a força pelo poder de um ideal parece hoje fadada ao fracasso. É falta de lógica ignorar que o direito se fundamenta na força e que para mantê-lo a violência é necessária, mesmo hoje.

  Instinto de vida e instinto de morte

  Comentarei agora outra idéia exposta pelo senhor. Espanta-o o fato de ser tão fácil inocular nos homens o germe da guerra; em sua opinião, o ser humano traz em si um instinto ativo de ódio e destruição, receptivo a tais estímulos. Concordo inteiramente. Acredito na existência desse instinto e nos últimos tempos dediquei-me arduamente a estudar suas manifestações.

  [...] Supomos que os instintos humanos são de dois tipos: os que conservam e unificam, que chamamos de "eróticos" (no sentido que Platão dá a esse termo em "O Banquete") ou "sexuais" (abrangendo explicitamente a conotação popular de

"sexo"); e por outro lado os instintos de destruir e matar, que englobamos entre os impulsos agressivos ou destrutivos.

Trata-se, como o senhor percebeu, de opostos conhecidos, como amor e ódio, transformados em entidades teóricas; e são, talvez, um outro aspecto das eternas polaridades — atração e repulsão — pertencentes à sua esfera de estudo. Temos porém de ser cautelosos, para não passarmos apressadamente demais às noções de bem e mal. Ambos os instintos são igualmente indispensáveis, pois de sua atividade, conjunta ou contrária, derivam todos os fenômenos da vida.

[...]

Quando um país é convocado à guerra, a reação pode advir de uma vasta gama de motivos humanas; motivos nobres e motivos vis, alguns abertamente declarados, outros escamoteados. O impulso de agressão e destruição está certamente presente; sua predominância e sua força são confirmadas pelas inumeráveis crueldades da história e da vida cotidiana dos homens. Naturalmente, os apelos ao idealismo e ao instinto erótico estimulam os impulsos destrutivos e facilitam sua manifestação. Ao pensarmos nas atrocidades registradas na história, percebemos que muitas vezes os motivos idealistas não passaram de disfarce para o impulso de destruição; no caso de determinadas crueldades, como por exemplo as da Inquisição, parece que os motivos idealistas estavam no primeiro plano do consciente, mas sua força vinha dos instintos destrutivos mergulhados no inconsciente. Ambas as interpretações são possíveis.

(...)

Gostaria de alongar-me um pouco mais sobre esse instinto destrutivo, que raramente recebe a devida atenção. Com um mínimo de esforço especulativo, chegamos à conclusão de que tal instinto atua em todos os seres humanos, no sentido de prejudicá-los e reduzir a vida ao estado primal da matéria inerte. Poderia ser chamado de "instinto de morte"; lá os instintos eróticos estão ligados ao esforço no sentido da vida. O instinto de morte torna-se impulso de destruição sempre que, ajudado *por determinados órgãos, atua do interior para o exterior, contra objetos externos. Em outras palavras, o ser humano defende sua própria existência destruindo elementos estranhos.*

Mas o instinto de morte, ao realizar uma de suas atividades, atua no interior do ser vivo; tentamos encontrar nessa introversão do instinto destrutivo a origem de vários fenômenos normais e patológicas. Cometemos até a heresia de utilizar algumas dessas "reversões internas" do impulso agressivo para explicar a origem da consciência humana. Se essa tendência interna manifesta-se numa escala ampla demais, trata-se obviamente de um assunto sério, um estado certamente mórbido; já a orientação do impulso destrutivo para o mundo externo pode ter efeitos benéficos. Reside aí a justificativa biológica de todas as propensões vis e perniciosas que ora tentamos combater. Não podemos deixar de reconhecer que estão mais próximas da natureza humana do que a resistência que lhe opomos, e que na verdade ainda não foi explicada...

Essas observações, no tocante ao tema que abordamos, levam à conclusão de que o homem provavelmente não é capaz de eliminar as tendências agressivas da Humanidade. Dizem que em determinadas regiões da terra, especialmente bem aquinhoadas, onde a natureza fornece ao homem, em abundância, todo o necessário, florescem raças cuja existência transcorre tranqüila, e não há agressão nem coação. Custa-me crer nisso; gostaria de saber mais acerca dessas pessoas privilegiadas...

[...]

Tais vínculos são de dois tipos. Primeiro, as relações com algum objeto de amor, ainda que não haja intenções sexuais. O psicanalista não deve ter escrúpulos ao falar em "amor" nesse contexto; a religião utiliza a mesma linguagem ama teu próximo como a ti mesmo. Principio louvável, fácil de enunciar, porém difícil de pôr em prática! O segundo laço sentimental se forma por identificação. Tudo quanto patenteia semelhanças significativas entre os seres humanos traz à baila sentimentos de comunidade e identificação nos quais se alicerça, em grande parte, todo o edifício da sociedade humana.

[...]
As condições ideais estariam obviamente reunidas em comunidades onde todo homem subordinasse sua vida instintiva aos ditames da razão. Só isso poderia criar uma união sólida e duradoura entre os homens, ainda que significasse a ruptura dos laços sentimentais entre eles. No entanto, essa esperança é utópica. Os demais métodos indiretos de evitar a guerra são sem dúvida mais viáveis, mas não produzem resultados rápidos. Fazem pensar em moinhos tão vagarosos que os homens morrem de fome antes de a farinha ficar pronta.

[...] Porque, porém, o senhor, eu e muitos outros protestamos tão violentamente contra a guerra, ao invés de simplesmente aceitá-la como uma das odiosas vicissitudes da vida? Ao que parece, a guerra é um fato natural, biologicamente fundamentado e praticamente inevitável. Espero não chocá-lo ao levantar essa questão. A melhor maneira de realizar uma pesquisa é talvez usar uma máscara de fingida impassibilidade.

Para minha pergunta, a resposta seria a seguinte: todo homem tem direito a sua própria vida, e a guerra destrói vidas promissoras; encurrala as pessoas em situações que envergonham sua condição humana, obrigando-as a matar seus semelhantes, mesmo que não queiram; destrói valores materiais, fruto do trabalho humano; e vai muito além disso. Acresça-se que a guerra, em sua forma atual, não dá margem a atos considerados heróicos segundo os antigos ideais; o alto nível de aperfeiçoamento das armas modernas torna a guerra de hoje o simples extermínio de uma das facções combatentes, ou de ambas.

[...]
Passo agora a outro ponto, que a mim parece constituir a base de nosso horror comum à guerra. Trata-se do seguinte: não poderíamos deixar de abominar a guerra. Somos pacifistas porque nossa natureza orgânica assim o quer. Logo, para nós é fácil encontrar argumentos que justifiquem nosso ponto de vista.

É preciso, contudo, elucidar esse ponto. Exporei a maneira como eu o vejo. O desenvolvimento cultural da Humanidade (que alguns, como eu sei, preferem chamar de civilização) se vem pro-

cessando desde épocas imemoriais. Devemos a esse fenômeno não só o que há de melhor em nossa feitura, mas também grande parte daquilo que causa o sofrimento humano. São obscuras as origens e as causas desse fenômeno, seu resultado é incerto, mas é fácil perceber algumas de suas características...

São espantosas e inegáveis as alterações psíquicas que acompanham esse processo de mudança cultural. Consistem na rejeição progressiva das finalidades instintivas e na redução gradual das reações instintivas. Sensações que eram agradabilíssimas a nossos antepassados tornaram-se para nós indiferentes ou insuportáveis; e se nossos ideais éticos e estéticos sofreram mudança, essa mudança se deve, em última instância, a causas orgânicas.

Sob o aspecto psicológico ressaltam dois fenômenos culturais da maior importância: primeiro, o fortalecimento do intelecto, que tende a dominar nossa vida instintiva; e segundo, a introversão do impulso agressivo, com sua série de decorrências benéficas e perigosas. Pois bem: a guerra contraria do modo mais vigoroso a disposição psíquica que a evolução da cultura nas impôs; daí tendermos a resistir à guerra, a considerá-la intolerável. Para pacifistas como nós, não se trata meramente de uma repulsa intelectual e afetiva, mas de uma intolerância constitucional, uma idiossincrasia em sua forma mais drástica. E nessa repugnância parecem ter igual peso as ignomínias estéticas da guerra e suas atrocidades.

Quanto tempo esperaremos até que os demais homens se tornem pacifistas? É impossível dizer. Mesmo assim, talvez não seja quimérica nossa esperança de que num futuro próximo as guerras acabem Tal esperança fundamenta-se em dois fatores— a disposição cultural do homem e o temor bastante válido dos contornos que assumirão as futuras guerras. Só não podemos prever por que caminhos ou atalhos a esperança se concretizará. Enquanto isso, podemos ter certeza de que tudo quanto contribua para o desenvolvimento cultural do homem trabalha também contra a guerra [...]

Do exposto, me parece clara a importância e a colaboração da Psicanálise na compreensão de fatos e de personagens da História. Isso é muito bem aplicável, por exemplo, à seguinte declaração do Presidente dos Estados Unidos, George W. Bush, feita acerca de 10 dias, quando expôs a animosidade pessoal que está sob a superfície de sua política para o Iraque, ao descrever Saddam Hussein como "o cara que tentou matar papai".

Até então, Bush vinha evitando referir-se ao pai, o ex-Presidente George H. Bush, e Saddam no mesmo contexto, para não ser dito que estaria motivado pelo "serviço inacabado".

Outros países, além dos Estados Unidos, podem ser ameaçados pelo Iraque, disse Bush, "mas não há dúvida de que seu ódio (de Saddam) se dirige a nós... que ele não nos suporta. Afinal, esse é o homem que certa vez tentou matar papai". Disse num comício dos republicanos em Houston, Texas.

Na Guerra do Golfo, em 1991, o Iraque foi derrotado pelos aliados, mas Bush pai não conseguiu ver Saddam deposto. Dois anos depois, Bush quase foi alvo de um atentado no Kuwait, desarticulado por agentes deste país. A CIA acusou Saddam (*The Times*).

Freud respondeu a Einstein fundamentando-se na sua teoria da dualidade instintiva: de um lado, os instintos de vida, que tendem a conservar, a unir, a criar pela força do amor, face solar do homem, que lhe comunica a alegria de viver; de outro, as tendências hostis, que levam a condutas agressivas contra o próximo ou contra si mesmo. É a face sombria da espécie... Na agressividade instintiva, Freud via a raiz biológica da guerra (Cyro Martins).

Assim, Freud situa a origem dessa agressividade, que surge e se generaliza, sobretudo durante a guerra, no inconsciente de cada indivíduo. Pode-se comparar o inconsciente a uma caixa de Pandora, onde ficam encerrados e reprimidos os impulsos de agressividade cuja origem remonta o primeiro contato com os outros. Freud descreveu-o como o lugar "onde são armazenados os germes de tudo que existe de mau na alma humana".

Portanto, a regressão à barbárie na guerra torna-se possível graças à presença dessa barbárie em nosso inconsciente. Aqui o pensamento freudiano coincide com a demonologia cristã, cujo postulado fundamental está resumido na frase de Deuis de Rougemont: "O inimigo está sempre dentro de nós".

Daí podemos tirar duas conclusões fundamentais. Primeira: na guerra, o homem não renuncia à sua individualidade para se deixar envolver por um sentimento coletivo de agressividade, cuja qualidade psíquica não seria a mesma da vida psíquica individual. Certamente, o homem "normal" só participa das atrocidades da guerra quando encorajado pela participação maciça dos outros membros do grupo-comunidade. Mas participa a título pessoal. Tem uma motivação subjetiva inconsciente para fazê-lo.

Se a origem da agressão está no inconsciente de cada um, conclui-se que a disposição de fazer a guerra é universal. Não é característica de nenhuma etnia ou nação. "Todo povo", assinala a célebre psicanalista francesa Marie Bonaparte, "mesmo aquele que, em tempos de paz, pratica os hábitos mais humanos, pode ser capaz de regressar à barbárie original".

Assim, para fazer a guerra, o homem está suficientemente motivado por sua agressividade inconsciente, que tenta descarregar-se sobre objetos externos para não se transformar em força auto-destruidora. Mas essa agressividade não é a causa primordial das guerras, e sim sua arma principal, ou o "recurso natural" insubstituível para que a economia de guerra funcione.

Como tal recurso tem grande valor estratégico para o Estado, este deseja controlá-lo e monopolizá-lo. "Todo cidadão, de qualquer nacionalidade", escreveu Freud nas "Considerações atuais sobre a guerra e a morte (1915), " pode, nesta guerra, constatar como pavor (...) que o Estado proíbe ao indivíduo o uso da injustiça, não porque deseje aboli-la, mas porque deseja ter seu monopólio, como o do sal e o do fumo". Essa comparação entre o ódio e o capital apresenta o mesmo sentido na palavras de Marie Bonaparte: "O ódio, no coração dos homens, é um capital que deve ser aplicado em alguma parte".

Em tempos de guerra, que que procedimentos o Estado pode adotar para explorar eficazmente o monopólio que exerce sobre a agressividade de seus cidadãos? Evidentemente, tais procedimentos estão carregados de contradição e ambigüidade. Não se trata só de suspender a proibição de pilhar, torturar e matar. Como Freud afirmou, talvez o homem esteja sempre "tentado a satisfazer sua necessidade de agressão à custa do próximo (...), a martirizá-lo e matá-lo. Mas a essa tentação se opõe o superego (...), que é o lugar psíquico dos modelos e das proibições".

Para que o indivíduo normal se entregue às atrocidades da guerra e sua agressividade reprimida se extravase, é preciso iludir seu superego. Não se trata de neutralizar ou eliminar a pressão da censura moral, de amolecer o superego, mas, muito pelo contrário, de aumentar essa pressão, de inflar o superego. Para um soldado mobilizado, matar na guerra não é uma licença nem a satisfação de um desejo oculto, mas um dever, um sacrifício, um ato heróico. Ao mesmo tempo, aqueles que se recusam a participar da guerra assumem o desprezível papel daqueles que, de maneira irresponsável, e culposa, só pensam no próprio prazer.

Esse aparente paradoxo se explica pelo processo de identificação descrito por Freud como "a assimilação de um eu a outro, fazendo com que o primeiro eu se comporte como o segundo, em alguns aspectos o imite e, em certo sentido, acolha-o em si".

A capacidade do indivíduo de "acolher em si" um outro afirma-se inicialmente sob a forma da interiorização do modelo paterno, ou seja, na formação de uma imagem ideal por meio da qual o sujeito busca afirmar-se.

Essa ambigüidade reaparece na projeção da relação criança-pai no plano social e político. Na criança que se torna adulta, escreve Fornari em sua Psicanálise da Guerra, "a lealdade que ela tem por seu chefe, ou pelo grupo que personifica seu ideal, é compensada pelo ódio que devota a um outro chefe, ou a um outro grupo. Por isso, se predispõe a fazer a guerra (...) Um outro efeito da ruptura da imagem do pai em duas figuras: os deuses de um povo são os demônios de outro".

O indivíduo, por sua estrutura psíquica e pela natureza de suas relações com outros indivíduos na sociedade, é motivado a transgredir a proibição de matar. Para que ele viole efetivamente essa lei — o que faz em tempos de guerra — sem mergulhar na loucura ou no crime comum, o recurso à violência extrema dever ser convenientemente apresentado.

Há duas maneiras de conseguir isso. Primeiro: conferindo aos atos de guerra, principalmente à destruição do inimigo, um valor extraordinário ou até sagrado. Para eliminar tal perigo, todos os meios são permitidos. Cabe aos valentes soldados o dever sagrado de perseguir, derrotar e matar todos aqueles que nos ameaçam.

A guerra — sempre imposta, portanto defensiva — se opõe a um ou vários inimigos. Mas também é apresentada como a retomada e a continuação das guerras anteriores de nossos ancestrais contra seus inimigos — o que confere à guerra atual uma dimensão mítica.

O **eu** não só participa de um **nós** presente no cenário histórico, como também se integra a uma entidade coletiva *in illo tempore* (em tempo passado). A guerra lhe oferece a oportunidade de identificar com os ancestrais, de viver um grande momento de epifamia dos heróis míticos.

Na mesma perspectiva mítica, o prestígio do chefe (da nação, do exército) — que no plano psicanalítico pode ser uma projeção do amor ao pai — se fortalece, na medida em que ele representa a encarnação do herói fundador da comunidade.

À valorização mítica das ações bélicas e à divinização do chefe corresponde a satanização dos inimigos — estágio decisivo, que abre caminho à transgressão de matar. A satanização exclui do universo humano o inimigo; já não é proibido matá-lo. Ao contrário, sua eliminação torna-se um ato de bravura altamente apreciado. O inimigo desumanizado nos ameaça em nossa própria humanidade; resistir a ele é combater por valores humanistas universais.

Ao se relegar o adversário à condição de "besta cruel", "monstro" ou "bárbaro", não se pretende apenas humilhar, mas também transformar a destruição desse inimigo tão pouco humano em uma proeza de heróis míticos, salvadores da humanidade, que cumprem um dever imposto pelas mais altas instâncias morais, ou seja, de acordo com o superego.

Mas esse acordo, na "guerra da mídia", também pode ser obtido por um processo inverso. Ao invés de dramatizar, banaliza-se. A propaganda bélica se dedica então a apresentar essas atrocidades como uma espécie de passatempo, se não divertido, pelo menos trivial. Para tanto, o discurso belicista se vale do eufemismo. Existe um discurso sobre a guerra que exalta a vida ao ar livre, o esforço físico, a camaradagem, o bom humor e as canções em grupo. E outro que realça a idéia de que a guerra oferece aos jovens a oportunidade de se tornar adultos, de comprovar sua virilidade. E quem recusa essa oportunidade de se submeter ao rito de passagem à classe dos grandes guerreiros é ridicularizado e criticado.

Por último, em outro tipo de eufemismo, a guerra é apresentada como uma operação extremamente racional e sofisticada, um processo tecnológico controlado por profissionais, mestres da arte militar. O aspecto sangrento e apavorante da guerra simplesmente não existe. Nada de ódios, matanças ou sofrimentos. "Neutraliza-se" o adversário, mas sem maiores entusiasmos. O ideal seria uma guerra sem perdas humanas, vencida ou perdida por "pontos" — "números". Nada acontece que possa desgostar nosso superego, e o cidadão pode partir tranqüilamente para o campo de batalha, sem qualquer sensação de estar comprometendo sua vocação de ser humano.

Do jeito que o diabo gosta.

Passou-se um século inteiro desde que o jovem Freud iniciou sua busca (em si mesmo e em seus pacientes).

Agora, à medida que terminou o século XX, tão moldado por sua genialidade e por sua força de ser, pensar e escrever, restam-nos importantes lembranças dele e de seus seguidores, por meio de seus livros, suas cartas e suas palavras e atos, testemunhados e recordados por outros. Esse é um grande legado, mas o maior dos legados, certamente, é o que é conhecido pelos milhares de nós que aprendemos sobre nós mesmos, e que por isso somos capazes de tolerar dores, angústias e medos, que, Freud sabia, todos temos. Acompanhando todos os avanços científicos, a Psicanálise continuou a representar algo de realmente precioso: a maneira como uma pessoa pode ajudar outra em sua vida por meio da escuta paciente, persistente e atenciosa que está no cerne da Psicanálise. No fundo, o desejo de ajudar é um aspecto de nossa própria Humanidade, pois somos aqueles que procuram entender este mundo por meio da linguagem e compartilhar com os outros o que aprendemos.

Isso é o que acontece em todos os consultórios psicanalíticos, entre duas pessoas que, por consentimento mútuo, têm a oportunidade de se comprometer um com o outro de maneira sumamente franca e indagadora, desconstruindo e construindo a história do ser humano.

Referências Bibliográficas

AUDEN, W. H. (1988). *A mão do Artista*. São Paulo: Siciliano, 1993.
BADER, W. *Apresentação: Áustria, Viena, Schnitzler*. In: SCHNITZLER, A. *Contos de Amor e Morte*. São Paulo: Companhia das Letras, 2001.
COLES, R. *Psicanálise: a experiência norte-americana*. In: Freud: Conflito e Cultura. Rio de Janeiro: Jorge Zahar Ed., 2000.
FREUD, S. (1927). *O futuro de uma ilusão*. Volume XXI. Edição Standard Brasileira. Rio de Janeiro: Imago, 1980.
——————.(1930) *O Mal-Estar na Civilização*. Volume XXI. Edição Standard Brasileira. Rio de Janeiro: Imago, 1980.

FREUD, S. (1932-1936). *Por que a Guerra?*. Vol. XXII. — Novas Conferências Introdutórias sobre Psicanálise e outros trabalhos. Edição Standard Brasileira. Rio de Janeiro: Imago Editora, 1980.
——————.(1913) *Totem e Tabu*. Volume XIII. Edição Standard Brasileira. Rio de Janeiro: Imago, 1980.
FRONTIER, A. *Uma Parábola de Platão*. In: Revista O Correio da Unesco. Abril de 1991, Brasil.
GAY, P. (1998). *A psicanálise e o historiador*. In: Freud: Conflito e Cultura: ensaios sobre sua vida, obra e legado. Rio de Janeiro: Jorge Zahar Ed., 2000.
——————.*Freud: Uma vida para o nosso tempo*. Rio de Janeiro: Companhia das Letras, 1989.
——————.(1993) *A Experiência Burguesa da Rainha Vitória a Freud — Volume 3 — O Cultivo do Ódio*. São Paulo: Companhia das Letras, 2001.
LEFORT, C. *Reflexões sobre a Paz*. In: Revista O Correio da Unesco. Outubro de 1986, Brasil.
MARTINS, C. *Humanismo Psicanalítico e a Guerra*. In: Revista da FEPAL. Setembro de 2002 — Mudanças e Permanências.
MEZAN, R. *Freud pensador da cultura*. São Paulo: Editora Brasiliense, 1985.
PERESTRELLO, M. (1996). *A formação cultural de Freud*. Rio de Janeiro: Imago, 1996.
PHILIPS, A. (1993). *Beijo, Cócegas e Tédio: ensaios psicanalíticos sobre aspectos não estudados da vida*. São Paulo: Companhia das Letras, 1996.
PIZA, D. (2000). *Questão de Gosto: Ensaios e Resenhas*. Rio de Janeiro: Record, 2000.
RANK, O. *El Mito del Nacimiento del Héroe*. Buenos Aires: Editora Paidós, 1961.
RASCOVSKY, A. *El Filicídio — La Agressión contra el hijo*. Buenos Aires: Editora Paidós, 1967.
REALE, M. (1996). *Paradigmas da Cultura Contemporânea*. São Paulo: Saraiva, 1999.

ROTH. M. (1998). *Freud: Conflito e Cultura: ensaio sobre sua vida, obra e legado.* Rio de Janeiro: Jorge Zahar Ed., 2000.

TUTU, D. (1984). *Não há paz porque não há justiça.* In: Correio da Unesco. Outubro de 1986, Brasil.

Mito e psicanálise:
Édipo diante da Esfinge

Kathrin Rosenfield*

A Psicanálise teve dois grandes méritos — válidos mesmo para os adversários e os críticos da causa freudiana. Primeiro, Freud forjou um olhar e uma linguagem que permitem ver e dizer as coisas do corpo e da sexualidade. O que antes era escandaloso, *unspeakable* ou degradado pela lascívia reprimida, adquiriu, com os escritos de Freud, direito de cidadania, respeitabilidade, seriedade. O segundo grande mérito diz respeito ao ardil retórico e transferencial que Freud utilizou ao fundamentar sua teoria sobre o mito trágico de Sófocles. Escolhendo uma obra de arte admirada por todos, envolta na aura da grandeza e da beleza, ele forneceu a si mesmo um ponto de referência que ordenasse e legitimasse os fragmentos de fantasia e de teoria surgindo do seu inconsciente.

A teoria psicanalítica, uma vez consolidada, apressou-se a fornecer as provas da sabedoria e da lógica profunda dos relatos míticos. Durante décadas, Freud reuniu seus colegas e discípulos para reler, analisar e discutir mitos, contos e obras de arte com a finalidade de treinar os profissionais da Psicanálise a olhar diferente, distinguindo detalhes aparentemente inócuos ou inconsistentes, percebendo as linhas de força que conferem ao "insignificante" ou contraditório sua consistência própria. Em outras palavras, Freud pôs em prática as observações lúcidas de Nietzsche, que defendia a grandeza dos pensadores pré-socráticos e dos trágicos elogiando a qualidade específica de sua sabedoria. Essa não é apenas um conhecimento abstrato e discursivo, mas um saber próxi-

---
Professora do Departamento de Filosofia da Universidade Federal do Rio Grande do Sul.

mo do "saborear" (do latim, *sapere*): o vínculo etimológico que liga saber e saborear está na capacidade fundamental de distinguir, sentir e registrar diferenças, seja pelos sentidos, seja pelo raciocínio. Mas o "saborear" situa-se num nível anterior aos processos cognitivos de dedução ou argumentação, fornecendo uma base menos suscetível de falsificação por interesses secundários.

Contra o senso comum da época, Nietzsche reivindica essa superioridade para a filosofia dos trágicos e dos pré-socráticos. Esses pensam melhor graças à sua exímia capacidade de ver, ouvir e sentir diferenças concretas, apanhando conexões essenciais que escapam ao pequeno círculo dos nossos interesses e raciocínios estabelecidos. A sabedoria intuitiva do mito e da arte não é irracional, mas revela uma racionalidade superior e mais essencial do que a dos interesses correntes.

Vale a pena rever o mito de Édipo a partir desse tipo de detalhe sensível, isto é, a partir do modo como são ditos, silenciados e retomados, posteriormente, na fantasia de outros artistas. Um dos elementos "marginais" do mito trágico de Édipo é o episódio da Esfinge, que Sófocles coloca como anterior à trajetória trágica. A Esfinge é figura de uma selvageria incompatível com a sociabilidade humana; ela é a antítese do reino ordenado que Édipo restabeleceu em Tebas. Não é sem importância para o olhar psicanalítico que a tradição mítica anterior aos trágicos tenha feito da Esfinge uma figura nitidamente fálica. Ela é detentora do segredo do poder e coloca o poder nos termos de ser ou não ser, ameaçando de morte todos aqueles que aspiram ao governo/trono não sendo descendentes da realeza teocrática. A Esfinge arcaica une poder e violência no estado puro e fora das trocas simbólicas, representando a anomia selvagem, seja como demônio ávido de carne crua, seja como monstro libidinoso que exige como tributo os meninos mais belos da cidade.

Nessa figura do poder aflora a estrutura imaginária que Lacan chamou de "estágio de espelho" e que designa a primeira organização mental na qual o sujeito percebe a unidade do próprio corpo/

ser na imagem refletida. Essa primeira estruturação da própria identidade situa-se — como a Esfinge — no registro do "ser ou não ser": o sujeito não estabelece com sua imagem (ou com a de outro sujeito) uma relação, porém tende a confundir-se com o outro, o que significa que o outro está aí para ser devorado, eliminado. Apenas outra estrutura, mais complexa e mediada por um terceiro termo —, a relação edipiana — "soluciona" esse impasse, introduzindo mediações (limites simbólicos) que asseguram a convivência regrada, suspendendo os impulsos de fusão agressiva.

Colocamos entre aspas a palavra "soluciona" porque a ordenação edipiana não abole a estrutura do espelho. Ela apenas se conjuga com esta, de forma que as tendências fusionais e agressivas podem sempre retornar à superfície quando as circunstâncias ameaçam o lastro edipiano. O Édipo de Sófocles revela essa ameaça. O herói orgulha-se de sua relação privilegiada com a Esfinge: foi ele o único a adivinhar seu enigma. No entanto, esse "privilégio" parece revelar (aos olhos de Tirésias) sua desgraça. Apenas um homem *apolis* — um homem "sem cidade", que anda pelo mundo despojado da civilização humana — é capaz de admitir a triste verdade da Esfinge. O enigma fala do desamparo humano, e Édipo penetra nesse segredo vergonhoso andando solto entre duas cidades (ele não pertence nem a Corinto, que ele abandonou temendo o oráculo, nem ainda a Tebas). Nesse estado solto, desimpedido — ou "despudorado"—, ele tem a ousadia de ver a Humanidade tal como ela é. Tornando-se novamente membro da sociedade humana, sua perspicácia se esvai, e ele precisa de um longo e doloroso caminho de reconstituição da verdade, que, agora, o implica de modo fatal. Sua investigação lhe mostra, primeiro, que ele mesmo é vulnerável e fraco como aquele ser humano do enigma. Num segundo momento, ele reconhece sua violência como avesso desse desamparo. O gesto de cegar-se é um modo violento de pôr fim à relação especular e fusional que o liga — no regime de substituição — à violência e ao poder dos primórdios.

Passemos, agora, aos desdobramentos desta figura — oculta, porém sempre presente— da Esfinge. Os artistas, de Sófocles a Ingres e Francisco Brennand, sempre salientaram o caráter fálico e violento da Esfinge, que paralisa quem a olha numa relação de fascínio imediato, sem mediação simbólica. Sobretudo, o quadro de Ingres mostra um Édipo soturno (em alemão se diria *tierisch ernst*, sério como um animal), cuja cabeça está postada frente ao peito da Esfinge, os dois rostos se fixando como os de duas feras hesitando entre reconhecimento pacífico e ataque. A boca de Édipo encontra-se exatamente diante do bico do seio, e uma das suas mãos aproxima-se do seio nu, esboçando o gesto de fusão oral, variação do aleitamento. A outra mão, no entanto, segura duas lanças, emblema da violência selvagem e do dilaceramento característico dos Espartos, dos ancestrais monstruosos de Tebas. O pintor soube configurar no quadro a atroz ambivalência da relação especular, sua oscilação sem mediações entre amor e ódio, união e ruptura, ser e não ser. Ingres não inventou uma faceta nova. Apenas salientou traços e problemas que aguardam, discretos, nos pequenos detalhes dos mitos. Em plena época de elãs cívicos pós-revolucionários, ele recria o tema aparentemente anacrônico da Esfinge — emblema da ameaça de devoração e autofagia da sociedade por ela mesma, emblema também do pendor autodestruidor dos indivíduos no qual se manifesta a relação propriamente humana com a violência: violência necessária, não-contingente, isto é, violência que não pode ser evitada, mas tão somente contornada, desviada, desdobrada — o que estabelece a cultura humana no campo da perversão.

Esse estatuto oblíquo da civilização humana sempre esteve no primeiro plano da reflexão freudiana. Mostram-no conceitos como o do auto-erotismo e das estruturas narcísicas da perversão polimórfica na sexualidade infantil e da prematuridade/desamparo [que Melanie Klein analisa a partir das fantasias de despedaçamento]; Lacan irá desdobrar as teses sobre o narcisismo distinguindo o estágio do espelho da estrutura edipiana: sobreposição — sem eliminação. As análises dos mitos apoiaram constantemente as pesquisas freudianas sobre esse fundamento estranho, vacilante da natureza humana. As releituras dos mitos que se fazem desde Freud — de Walter Benjamin a Dodds e Bernard Williams, passando pelos estruturalistas (Lévi Strauss, Vernant, Charles Segal, etc.) — nos sensibilizaram pelos palimpsestos e pelas anamorfoses do nosso imaginário (social e individual), em que estruturas muito arcaicas sustentam (e, às vezes, engolem ou fazem implodir) construções muito modernas e complexas.

A ATUALIDADE DO MITO REVELADA NOS ANACRONISMOS DA HISTÓRIA

Desde Freud, a historiografia modificou-se significativamente. Já mencionei (entre muitos outros) Dodds e W. Benjamin, que rejeitam a história linear do historicismo, que acredita num contínuo progresso dos valores morais e num aperfeiçoamento da espiritualidade. Sem renunciar aos ideais, a nova história compartilha com Freud o olhar oblíquo, que vê a precariedade dos valores, seu caráter excepcional e extraordinário. Para eles, a instauração do valor constitui uma ruptura com uma selvageria banal que permeia e abrange, como um oceano, as ilhas de civilização. Contra os preconceitos politicamente corretos do humanismo e contra os elãs pacifistas e democráticos, os relatos de Freud e de Benjamim abrem perspectivas inusitadas, fazem aparecer o avesso das evidências aparentes. Seu olhar "faz saltar" um elemento relevante e, assim, abre (ou 'dinamita', *aufsprengen*) a banalidade sufocante das "idéias recebidas", aquilo que ele chama de *continuum* indiferente de acontecimentos.

Nada ilustra melhor essa capacidade de insuflar um novo sentido nas velhas metáforas do que a subversão da mitologia

---

[1] *Ibid.*, p. 697 e ss.

cristã pela mitologia pagã na tese IX de *Sobre o conceito de história*[1]. Benjamin comenta aí um quadro de Klee — *Angelus Novus* —, que tematiza, de modo extremamente secreto, as expectativas criadas pela mitologia cristã. Esta se constitui a partir de um núcleo imaginário básico — o da Queda e da Ascensão (crime — castigo, pecado — redenção) —, que subjaz também às esperanças modernas e laicas do progresso, da emancipação, da inclusão social, do Estado como garantia do bem-estar.

Esse comentário não é uma descrição objetiva da obra de Klee. Ele a dramatiza e promove o "anjo novo" a um emblema da História, vista como sedimentação de ruínas. Diferentemente do historicismo triunfante e da escatologia redentória, comenta Benjamin, o anjo novo (anjo-demônio da modernidade) não vê nem a salvação, nem o progresso da Humanidade, porém o horror de cidades destruídas numa sucessão interminável de catástrofes. Através do olhar do anjo, Benjamin encena um drama apocalíptico contínuo que se estende do início ao fim da História. Ele — o anjo de Klee (ou melhor: o anjo cujo olhar é interceptado e traduzido em comentário por Benjamin) — não registra os triunfos das cidades construídas, mas as ruínas caindo umas sobre as outras. A tempestade do tempo — diz Benjamin, distorcendo ironicamente o velho *topos* do anjo anunciador — varre a terra devastada e impede o anjo novo de parar e reparar os destroços. Os escombros formam uma montanha que se ergue em direção ao céu. O anjo recua, sugado pelo vórtice da história catastrófica. A tempestade do progresso o faz cair, paradoxalmente, para cima, em direção ao céu e ao futuro.

O comentário é surpreendente em vários aspectos, entre os quais mencionamos, em primeiro lugar, o grande poder sugestivo das metáforas. Benjamin fala aquém e além do quadro visível; ele faz jorrar uma história que evoca os fragmentos de outros relatos míticos (babilônicos e judaicos, indo-europeus e greco-romanos), dando a imagens milenares uma atualidade singular. É o comentário, mais do que o quadro, que nos sugere os ecos trágicos — por exemplo, as catástrofes de Tebas varrida, sempre de novo, pelas tempestades dos deuses irados: "Envelhecendo, vejo escombros caindo sobre escombros nas casas decaídas de Lábdaco; nem bem sucede um filho ao pai, que já um deus o precipita, sem trégua, nem resgate"[2]. São os relatos míticos e trágicos que fornecem os modelos para pensarmos a História moderna e universal, e Benjamin vê o suposto progresso da civilização humana como inseparável da barbárie. Benjamin é fiel às teorias de Nietzsche e de Freud, que pensaram seriamente as representações míticas da violência —originária, necessária e paradoxal —, que simultaneamente impulsiona os progressos da cultura e corrói a civilização instaurada.

Assim, ele vê no quadro de Klee a "tempestade que se emaranha nas asas do anjo e que é tão forte que o anjo não pode mais fechá-las"[3]. Será que vemos realmente essa tempestade? Quem conhece o anjo de Klee, sobretudo quem o viu antes de ler Benjamin, pode avaliar a ousadia dessa afirmação, pois é raro encontrar na arte moderna uma figura tão simétrica, centrada e estática: as asas e o cabelo lembram uma rústica talha em madeira, e os caracóis do penteado parecem estar imobilizadas por grossas camadas de laquê. Um olhar objetivo provavelmente nunca encontrará no quadro de Klee uma tempestade no sentido comum da palavra. Mas, no vocabulário de Benjamin, "tempestade" é uma metáfora, como a "ira" divina é uma metáfora. Ambas assinalam a irrupção do horror no qual se desvendam a fragilidade e o desamparo da vida humana que ele vê se decompondo: e o que está diante dos olhos arregalados do anjo **somos nós, os espectadores do quadro**. De inocentes apreciadores de arte moderna, somos promovidos a agentes horrendos da História. A sorrateira inversão da inocência passiva em ação-agressão as-

---

[2] *Sófocles*, Antígone, *p. 582-625.*
[3] *Benjamin, loc. cit., p. 698.*

sombrosa constitui uma revira-volta bem conhecida da experiência analítica e da mítica (Édipo é o exemplo paradigmático). Seguindo a lógica dos olhares que partem da imagem e voltam para ela, reconhecemos que **somos nós** que inspiramos ao anjo aquele horror que o arrasta. Por insólita que possa parecer a imagem, ela também corresponde a uma velha representação mítica do potencial "excêntrico" ou "centrífugo", que rompe as relações equilibradas da cultura humana e, portanto, as trocas regradas entre homens e deuses. O anjo é lançado de volta para o outro mundo — exatamente como a Esfinge tebana se precipita de seu pedestal ao ouvir Édipo solucionar o segredo[4]. O episódio da esfinge precipitada comporta, evidentemente, uma ironia demoníaca: a esfinge não é vencida; o perigo de devoração que ela representa não é eliminado da cultura humana. Ela se retira para deixar o campo livre a Édipo — predestinado a levar a cabo a destruição da cidade. Essa sua predestinação se mostra na sua falta de medo e pudor, ao pronunciar, despudoradamente, a vergonhosa verdade da condição humana.

Na interpretação benjaminiana do quadro de Klee, a imagem paradoxal do cair para cima é resultado da sobreposição de duas lógicas narrativas — a do anjo cristão, que retorna para o céu, e a do demônio pagão, que se retira e recusa sua ajuda, "irado" com a vergonhosa fragilidade da existência humana.

A tempestade que temos dificuldade em ver no quadro de Klee brota de um conjunto de detalhes hiperreduzidos, porém secretamente assustadores que desfiguram o rosto do anjo. Esses traços estranhos evocam uma cena em outro quadro que representa uma figura angelical e o objeto do horror. Trata-se do afresco de uma jovem grega na Casa dos Mistérios de Pompéia, que recua, horrorizada, diante de um grupo de Silenos. O gesto dessa figura — seu olhar fixo para a direita, o véu erguido por

---

[4] *Sobre o nexo entre o poder, a morte e a esfinge, cf.* Francis Vian, Les origines de Thèbes, *Paris, Klincksieck, 1963, p. 206 e ss.*

uma tempestade que parece sugá-lo para trás — expressa exatamente o mesmo horror que descreve Benjamin no quadro de Klee, no qual a "tempestade" é reduzida a um olhar estático. Com essas reminiscências longínquas, esquecidas e guardadas em minúsculas dobras da memória, Benjamin anima o quadro moderno e torna-o falante.

Vale a pena olhar o anjo de Klee com mais vagar, comparando-o com o comentário. O anjo, diz Benjamin, está na "iminência de afastar-se de algo em que crava o seu olhar"[5]; os olhos arregalados, a boca aberta, as asas estendidas. Ele tem "o rosto voltado para o passado", passado esse que ele vê como uma única catástrofe, escombros caindo sobre escombros. O anjo da História "bem que gostaria de demorar-se, acordar os mortos e juntar os destroços". Mas do paraíso sopra uma tempestade, que o arrasta, de costas, para o futuro. O progresso é essa tempestade, conclui Benjamin.

O relato de Benjamin se parece com um "sonho em torno de Klee". Onde vemos os escombros? Onde vemos que o anjo "bem que gostaria de demorar-se"? Todos esses aspectos dramáticos não são propriamente representados ou visíveis. Eles são — como a tempestade — "visíveis" somente para quem olha através desse quadro. É preciso ver com o olho da mente, da memória e da imaginação, as imagens de outros quadros e de **outras cenas**. Quem não faz esse esforço, quem despoja seu olhar (e o quadro) deste elã da memória mais remota só vê uma figura bem centrada no meio do quadro, perfeitamente simétrica, com a juba redonda e as asas iguais, partindo em total equilíbrio de um eixo central. Tudo é estático, com exceção do olhar arregalado e das pupilas enviezadas.

O olhar distraído e superficial pode achar forçado, exagerado e arbitrário o comentário de W. Benjamin. No entanto, um olhar mais perspicaz, que se deixa tocar pela imagem, descobre que tudo do que fala Benjamin está aí — comprimido naqueles "pequenos traços" que tanto interessavam Freud na in-

---

[5] *Benjamin, loc. cit.*, p. 697.

terpretação dos sonhos. Sem se referir a Freud ou à Psicanálise, Benjamin aplica às suas reflexões sobre a História (ou melhor, ao seu modo de contar a História) um dos princípios fundamentais da investigação psicanalítica. Ele considera as formas e figuras visíveis como fenômenos que não são imediatamente compreensíveis (ou que a compreensão imediata é longe de esgotar), porém remetem a outros planos ou contextos de significação. Além da "História" oficial, cada elemento, detalhe ou imagem pode abrir uma porta de entrada em outro relato (baseado em outro ponto de vista) que conta, diferentemente, os "mesmos" eventos. Esses mínimos detalhes "falam" para além do que é obviamente visível. Benjamin nos introduz nas tramas que elevam o cotidiano banal a experiências relevantes e vivas. Ele faz ver que anjos não são figuras sentimentais e decorativas. Descobrimos no "anjo novo" as feições da Esfinge: a constelação dos olhos, narinas e boca sob a juba de leão, as asas e patas do corpo de um pássaro e a boca entreaberta com dentes afiados de felino ameaçador aproximam o anjo do demônio zoomórfico, do monstro híbrido dos primórdios. A cabeça ocupa metade do espaço visual; o resto do corpo, a outra metade. Os cabelos formam uma espécie de crina de leão. As asas e patas lembram o corpo de um pássaro. O nariz e a boca são mais próximos do que num rosto humano, sugerindo um focinho; a boca entreaberta deixa entrever dentes afiados como os de um felino ameaçador. Enfim, o esquema corporal do "anjo" aproxima-se do demônio zoomórfico alado — anjo-esfinge que sucumbe ao horror de ouvir o homem pronunciar, sem vergonha, o segredo da natureza desprezível da Humanidade. Algo mais é necessário para nos convencer de que os anjos novos não nos contarão a história da salvação, mostrando-nos as imagens inquietantes de uma história catastrófica, na qual a visão do desamparo sugere o perigo da (auto)devoração do homem pelo homem?

Benjamin caminha nos rastros de Freud e de Nietzsche, que adorava frustrar o melancólico saudosismo daqueles historiadores que representavam a cultura como a privilegiada herdeira da razão, da medida e da serenidade clássicas. O forte de Nietzsche era sua grande sensibilidade para detectar, no auge da cultura grega — naqueles símbolos da serenidade ética e ponderação racional que encantavam os melancólicos guardiães da cultura ocidental —, as marcas de uma selvageria atemporal, insuperável e meramente velada pelas conquistas civilizatórias. Como Nietzsche[6] e Freud, Benjamin se lembra do avesso da cultura triunfante. Esse avesso não é um defeito ocasional nem uma "origem" ultrapassada. O avesso acompanha o movimento civilizatório, como uma contracorrente produzida pelo próprio avanço das correntezas e ondas do mar.

O próprio título — *Angelus Novus* — já anuncia que não se trata de um anjo convencional. Assim, ele suscita a questão: "O que é um anjo?". A dramatização desse problema no relato de Benjamin desperta a atenção pelo **dinamismo gestual**. A figura aparentemente estática aí se transforma num mensageiro do Apocalipse, que lembra à Humanidade da tempestade do progresso. Ora, essa carga dramática não está nos membros (como isso ocorre em representações mais convencionais — por exemplo, no afresco de Pompéia), mas nas proporções e na disposição do rosto, isto é, em esquemas corporais que despertam uma memória latente. "Memória" precisa ser colocada entre aspas, pois se trata mais de traços pré-conscientes que mantêm vínculos obscuros com fantasmas inconscientes. O conceito benjaminiano de memória incorpora, portanto, o problema da reativação das vias indiretas e sinuosas do inconsciente — aquele esforço de recuperação arriscado e duvidoso que Derrida chama de "economia do meandro".

---

[6] *Freud retorna à tragédia de Édipo; Nietzsche à lenda do velho Sileno, sábio monstruoso, metade homem, metade cavalo, que foge do rei Midas. Quando este, enfim, o acua e interroga sobre o que o homem deve desejar, o velho Sileno responde: "Raça efêmera e miserável, filha do acaso e da dor! ... O que tu deverias preferir ... é não teres nascido, não seres, seres nada. Já que isso te é impossível, o melhor que podes desejar é morrer, morrer depressa". Cf.* A Origem da Tragédia na Música, São Paulo, Moraes, 1984.

PSICANÁLISE E MITO:
ALGUMAS CONSIDERAÇÕES SOBRE
PSICANÁLISE E MITOS NA REALIDADE ATUAL

Sérgio Lewkowicz*

Em primeiro lugar, gostaria de agradecer ao convite dos organizadores, especialmente nas pessoas de Mauro Gus e Ida Gus. Gostaria também de cumprimentá-los pela escolha do tema, ao qual julgo de fundamental importância na compreensão da realidade atual, bem como pelas outras atividades que estão sendo desenvolvidas nesse ciclo e que estão permitindo o debate com profissionais de outras disciplinas. Nesse sentido, sinto-me muito honrado de poder participar desta mesa com a Kathrin Rosenfield, profunda estudiosa do tema.

I. FREUD DESCOBRINDO OS MITOS

A Psicanálise foi marcada pela relação com os mitos desde o seu começo, pois Freud, logo de início, passou a utilizar a mitologia para ilustrar seus achados, como com Édipo e Narciso. Ao preocupar-se com o funcionamento das organizações Humanas e a cultura, comparou os mitos com sonhos coletivos da comunidade: "os verdadeiros sonhos seculares da jovem Humanidade" (Freud, 1908). Aos poucos, Freud foi criando uma mitologia psicanalítica, e, finalmente, a própria Psicanálise transformou-se em um mito.

*Membro efetivo, analista didata da Sociedade Psicanalítica de Porto Alegre.

Freud descobre os mitos, na Psicanálise, durante sua auto-análise (outubro de 1897). Foi em um momento muito difícil de sua vida, como salientado por May (1991) e Hartke (1997), entre outros, quando teve de desistir de sua teoria de que a neurose era devida às seduções ou violações reais dos pais, tendo assim de creditar essas lembranças às fantasias impregnadas de desejos dos pacientes. Em sua carta a Fliess, diz que tem uma notícia fatídica: as histórias de sedução em que acreditava não eram literalmente corretas. Nesse momento se dá conta, em sua auto-análise, de seu desejo sexual por sua mãe, em uma ocasião em que a havia visto desnuda. Com grande resistência, entre momentos de estancamento e de progresso, conclui que a lenda grega, ou o mito de Édipo, era um fenômeno universal e chega a pensar fugazmente se não seria o mesmo drama envolvido na tragédia de Hamlet (Mason, 1985). Assim, Freud descobre a realidade psíquica, que é diferente da material, e se socorre de um mito, o de Édipo, para explicar sua situação interna inconsciente e a de seus pacientes. Nesse momento é descoberto o inconsciente (realidade psíquica) e as fantasias edípicas, que irão mais tarde constituir o complexo de Édipo, que será alçado a "complexo nuclear das neuroses", organizador central da sexualidade e da personalidade adulta. Além disso, será também considerado o mito fundador de toda a civilização, conforme descrito posteriormente em Totem e Tabu (Freud, 1913). Em correspondência a Jung em 1909, Freud escreve que espera que Jung acabe por compartilhar da idéia de que o complexo central da mitologia seja o mesmo da neurose, ou seja, o complexo de Édipo (May, 1991, e Hollis, 1995). O próprio conceito de cena primária (Urzsene), um conceito fundamental da Psicanálise e que nessa época se referia ao abuso sexual (real?) de pais com filhos, vai passar a ser, por ocasião do estudo do caso do "Homem dos Lobos", descrito como a relação sexual entre os pais com a criança observando ou imaginando de fora da situação (Ginzburg, 1986).

É digno de nota que Freud, inicialmente, considerou essa reviravolta "uma perda radical", e, segundo suas próprias palavras, "Em meio ao colapso de todos os valores, somente a *teoria psico-*

lógica ficou intacta" (May, 1991, p. 72). Felizmente, para nós, isso foi um grande ganho, pois Freud se dedicou, então, a escrever "A interpretação dos sonhos". Freud pode, assim, aproximar-se de uma realidade psíquica, de uma realidade mítica, como poderia ser considerada, diferente da realidade material ou histórica.

II. Mitos e Psicanálise

Atualmente, após os desenvolvimentos de vários analistas, especialmente os de Bion, pudemos ampliar as idéias de Freud e considerar o mito como um estado de nossa mente, próximo ao sonho. Configura-se, assim, uma verdadeira mentalidade mítica que está presente em todas as culturas e que nos ajuda a dar significado às nossas relações e à nossa existência. O mito busca satisfazer nossas necessidades de conhecimento, de afeto e de participação, em face de nosso desamparo diante das forças da natureza e dificuldades da realidade da vida.

Todas as maneiras que temos para conhecer a realidade são incompletas, e, ao nos determos em algum aspecto, nos afastamos de outro. Freud salientava que os mitos mostram uma "ignorância consciente e uma sabedoria inconsciente". Os gregos utilizavam duas expressões para definir "palavra" ou conhecimento: *logos* — palavra equivalente à razão, a palavra cuja validez pode ser argüida ou demonstrada — e *mythos* — palavra que define com um enunciado decisivo, sem se justificar, como nas religiões. *Mythos* significa também olhar a realidade com os olhos semicerrados (Smulever, 2000). Funcionamos emocionalmente com esses dois sistemas de apreensão da realidade e precisamos de ambos para sobreviver emocionalmente.

Vou deter-me agora no sistema ligado ao *mythos*: é um modo de ver a realidade de maneira simbólica, intuitiva, e creditado como verdadeiro pelos que o compartem. Ele possui um valor de verdade, não de origem lógica, mas, sim, de sagrado, mágico, místico e até estético. Como o mito é um símbolo, possui as características da comunicação simbólica, relatando o indizível de outra maneira e sempre revelando um aspecto, mas encobrindo outro. Mito e ciência são duas formas diferentes de simbolização, sendo que cada uma interpreta o mundo de maneira distinta, possuindo cada uma a sua modalidade da verdade. A ciência, por meio da busca pela racionalidade, e os mitos, por meio da fantasia, imagem e emoção. Assim, o mito pode ser considerado um produto da imaginação criativa, o que pode ser observado plenamente na infância, por exemplo. Apenas quando desenvolvemos essa capacidade de criar mitos, parte fundamental de nossa personalidade, essencial para a nossa saúde mental, é que poderemos usufruir significativamente nossa vida, encontrando um sentido pessoal nas coisas que fazemos e em nossos relacionamentos, bem como constituindo nossas características individuais, específicas, que poderão configurar os nossos destinos (Gepmal, 1990; Smulever, 2000).

Em Psicanálise, trabalhamos, principalmente, com o mito privado, ou mito individual, como ele vai aparecendo e se repetindo no contexto do tratamento, ao longo das sessões. Os sonhos são de uma ajuda fundamental para tentarmos compreender esse mito privado. A atenção do analista deverá flutuar entre os dois estados de percepção, entre *logos* e *mythos*, para estar em busca do que está sendo encoberto, ou que não pode ser transmitido de outra maneira (Lewkowicz, 2002). À medida que os personagens e fantasias desse mito individual vão aparecendo, sendo reconhecidos e compreendidos, eles vão poder ser reintegrados de uma nova maneira, com novas perspectivas e mais liberdade para o paciente. Obviamente, o mito individual está intimamente entrelaçado com o mito familiar e o mito coletivo. Nesse sentido, é interessante lembrar como Carlo Ginzburg (1986), historiador italiano, descreve, em seu estudo sobre Freud e o "Homem dos Lobos", como estava presente no caso e no sonho do "Homem dos Lobos" o mito do "lobisomem", e, como Freud era de outra cultura, vienense, não pôde perceber a presença desse mito, que poderia até mesmo aludir a situações de abuso ou violência ocorridas anteriormente com a espécie humana.

III. CRISE DOS MITOS E CRISE DA PSICANÁLISE

May (1991), em interessante e detalhada descrição, mostra que, enquanto a antiga Grécia apresentava uma riqueza de mitos, havia uma intensa criatividade, como expressa nas obras de Platão, Ésquilo, Sófocles, etc., além da valorização de atributos tais como a beleza, a verdade, a bondade, a coragem, etc. Em contrapartida, com a decadência grega, caíram os mitos e "só se encontravam corações pesados e lamentações nos lares" (p.18). May (1991), como inúmeros autores, acredita que atualmente estamos vivendo uma situação semelhante, com nossos "lares cheios de corações pesados e lamentações" (p. 18), pela perda de nossos mitos. Como reflexo disso, salienta a busca solitária da identidade e relaciona-a ao aumento no consumo de drogas, à busca de seitas religiosas e à procura por toda uma gama de terapias alternativas, inclusive medicamentosas, além do assustador aumento do suicídio entre os adolescentes.

Os mitos são uma forma de conhecimento que une a percepção com o sentimento e fazem parte da linguagem, que propicia um entendimento mútuo entre as pessoas. Como também pode se observar em relação à transmissão oral dos mitos na Grécia antiga, que funcionava como uma espécie de educação, na qual os valores e as regras da sociabilidade eram passadas de uma geração para outra (Rosenfield, 2002). É algo essencialmente humano e faz parte daquilo que vários autores consideram como nossa alma.

Por outro lado, nunca tivemos acesso a tanta informação como atualmente, mas cada vez ficamos mais confusos e alienados. Somos cada vez mais inundados por fatos, mas perdemos nossa capacidade humana para senti-los; apenas acabamos conhecendo as coisas com a razão. Parece que estamos incapacitados para sentir, como descrito por Shakespeare em *Rei Lear*, quando Gloucester, cego, diz que está vendo com o sentimento (McLeish *apud* May, 1991).

Os mitos estão muito desvalorizados e atacados na nossa cultura. Existe uma tendência de buscar um exagerado racionalismo, uma pseudociência, quase uma nova religião que vai encontrar todas as soluções. De fato, não temos mais explicações simples e unitárias para os fenômenos. Vivemos cada vez mais assustados com as instabilidades da vida atual, mas não podemos perder de vista a advertência de Bateson: "A mera racionalidade intencional, sem a ajuda dos fenômenos da arte e dos sonhos é necessariamente patológica e destruidora da vida" (Bateson *apud* May, 1991, p. 26). Como salientado por Hollis (1995), vivemos uma época de morte dos nossos deuses, e o único que está sobrevivendo é o "deus economia", o qual está sendo, literalmente, alimentado com sangue humano. Mais recentemente, com os atentados de 11 de setembro e a invasão do Afeganistão, e com a iminência de uma guerra contra o Iraque, podemos projetar com maior intensidade a sombra do deus da guerra pairando sobre nós novamente.

Esse "mal-estar na civilização" decorre do fato de que, quando um mito não consegue ser suficiente, ele acaba nos frustrando, e a primeira reação é a de tentar destruí-lo, atacando-o e voltando-se até mesmo contra o próprio conceito de mito. Um bom exemplo disso é a própria Psicanálise: ela virou um mito e por muitos anos ficou sendo considerada a solução definitiva para todos os problemas emocionais, e, nós, os próprios psicanalistas, tivemos um papel importante nessa idealização. Com o passar do tempo, observou-se que a realidade era bem diferente e que a Psicanálise tem as suas indicações específicas, nas quais ela tem um papel decisivo, mas, em um grande número de doenças, outros tratamentos são mais bem indicados. Um dos resultados que essa frustração da Psicanálise provocou foi a de desencadear um violento ataque contra ela, e não é de estranhar que, de tempos em tempos, vejamos nas capas das revistas, como agora na *Superinteressante* e creio que por duas vezes na *Time*, estampado o fim ou a morte da Psicanálise.

O mito é um ingrediente vital da civilização humana, e não podemos perdê-lo nem desvalorizá-lo, sob risco de perder nossa alma e humanidade e ficar cada vez mais "coisificados". A negação dos mitos é a negação de nossa realidade e da nossa sociedade. Assim como a negação da Psicanálise é a negação da realidade psíquica. May utiliza-se de Bethelheim para apoiar-se tanto em Platão como Aristóteles, na defesa dos mitos: Platão propunha que, em sua república ideal, os estudos das crianças começassem com o estudo dos mitos, e não com o ensino racional; já Aristóteles dizia que um devoto da sabedoria tinha de ser um devoto dos mitos (May, 1991).

IV. O PACIENTE ATUAL

Quando observamos alguns pacientes que nos procuram hoje em dia, os assim chamados "pacientes atuais", ou "patologias atuais", notamos que apresentam: uma enorme insatisfação com sua vida; uma sensação de vazio e de perda de sentido da vida; incontáveis sintomas somáticos que podem ocorrer nos diferentes sistemas do corpo; pouca disposição à reflexão ou introspecção; uma impulsividade muito grande para agir e muita urgência para resolver os problemas, muitas vezes solicitando medicamentos com ação rápida. Um dos aspectos mais intrigantes que nos chama atenção é a sua ausência de história, ou ausência de mitos. Eles funcionam como se sua história e seus mitos estivessem sepultados no interior de seu corpo (Césio, 2002), sendo incapazes de palavra. Um verdadeiro desafio para o psicanalista: tratar pacientes com dificuldade de simbolização e, portanto, com dificuldade de expressar-se verbalmente. Felizmente, embora difícil, vários autores psicanalíticos atuais propõe que o analista tente fazer uma construção a partir de suas próprias sensações internas, afetivas, corporais e vivências que possam capturar a sua atenção flutuante (prestar atenção em sua contratransferência, como chamamos tecnicamente). Assim, pode-se tentar construir alguma comunicação simbolizante com o que está ocorrendo na "cena da sessão", e o paciente pode começar a falar do sofrimento de sua alma, e não mais da dor física que não tinha palavras para ser expressa (Sorrentini, 2002). Quando não somos bem-sucedidos, muitas vezes ficamos intoxicados e invadidos por uma espécie de torpor e sonolência que Fidias Césio chamou de letargo e que são muito bem representados pelo mito de Palinurus, utilizado por Bion. Quando Palinurus assume o comando da esquadra de Enéas e confiando na aparente calma do Mediterrâneo, acaba sucumbindo ao sono e sendo tragado pelo mar, deixando seu barco à deriva.

Vivemos em uma época onde muitos de nossos melhores heróis míticos são assassinados, como, por exemplo, John Lennon, Gandhi, Martin Luther King, Itzhak Rabin, etc. O fundamental é que não deixemos que eles, com nossos sonhos e mitos, sejam assassinados dentro de nós.

Podemos nos inspirar, nesse constante desafio, no nosso tão significativo herói, Édipo, em sua dolorosa busca por conhecer o mistério de sua história, seu mito e seu destino. Isso fica bem claro quando o pastor lhe está revelando que é o filho de Laio e Jocasta e diz a Édipo (Sófocles, p. 81):

— Quanta tristeza! É doloroso de falar!

E Édipo responde:

— Mais doloroso de escutar, mas não te negues.

REFERÊNCIAS BIBLIOGRÁFICAS

CÉSIO, F. (2002). *Comunicação Pessoal*, Congresso da FEPAL, Montevidéu, 2002.

FREUD, S. (1908). Escritores Criativos e Devaneio. In: *Edição Standard Brasileira das Obras Psicológicas Completas de Sigmund Freud*, v. IX, Rio De Janeiro, Imago, 1976.

FREUD, S. (1913). Totem e Tabu. In: *Edição Standard Brasileira das Obras Psicológicas Completas de Sigmund Freud*, v. XIII, Rio De Janeiro, Imago, 1974.

Gepmal: MONTEVECHIO, B.; ROSENTHAL, G.; SMULEVER, M.; YAMPEY, N. (1990). *Mitos: Interpretación Psicoanalítica de Mitos Latinoamericanos,* Buenos Aires, 1990.

GINZBURG, C. (1986). Freud, o homem dos lobos e os lobisomens. In: *Mitos, Emblemas, Sinais,* São Paulo, Companhia das Letras, 2002.

HARTKE, R. (1997). Édipo e a Esfinge: do labirinto ao enigma. *Revista de Psicanálise da SPPA,* v. IV, 2:319-333, 1997.

HOLLIS, J. (1995). *Rastreando os Deuses — o lugar do mito na vida moderna.* São Paulo, Paulus, 1998.

LEWKOWICZ, S. (2002). *A Atenção Flutuante a Regressão e a Mente do Analista.* Trabalho apresentado à Sociedade Psicanalítica de Porto Alegre, 2002.

MASON, J. N. (1985). *A Correspondência Completa de Sigmund Freud para Wilhelm Fliess.* Rio de Janeiro, Imago, 1986.

MAY, R. (1991). *La Necesidad Del Mito.* Barcelona, Ediciones Paidós Ibérica, 1992.

ROSENFIELD, K. (2002). *Sófocles & Antígona.* Rio de Janeiro, Jorge Zahar, 2002.

SÓFOCLES. Édipo Rei. In: *A Trilogia Tebana.* Rio de Janeiro, Jorge Zahar, 1989.

SMULEVER, M. (2000). Psicoanálisis y Cultura: Mito y Personalidad. *Revista Latino-americana de Psicanálise.* Vol. IV, 1:289-300, 2000.

SORRENTINI, A. (2002). *Psicoanálisis y Padecer Actual.* Trabalho apresentado no XIV Congresso Latino-Americano de Psicanálise, Montevidéu, 2002.

COMUNICAÇÃO E PSICANÁLISE

*Prof. Dr. Antonio Hohlfeldt**

A contribuição de Sigmund Freud ao campo da cultura e, nela, a questão da Comunicação é enorme, bastando lembrar-se alguns dos títulos de suas obras e alguns dos temas nelas desenvolvidos: **O sinistro, Totem e tabu, Uma recordação infantil de Leonardo da Vinci, O parricídio (Dostoievski), O chiste** (em que estuda tanto a questão do riso quanto do cômico e, especialmente, o *boato*), **O complexo de Édipo, Psicologia das massas e análise do *eu*.** É especialmente sobre esta última obra pioneira que vou centrar minha atenção, mas, para que a perspectiva adotada por Freud seja bem compreendida, é preciso antes, tal como faz o processo psicanalítico, *regredirmos* um pouco na história da cultura mundial.

I

Ao fim do século XIX, a ciência européia experimentava, não sem temores, as conquistas e as contradições da emergência do que se denominaria, indistintamente, em um primeiro momento, conforme o autor consultado, das *massas* ou das *multidões*.

Foi Ferdinand Tönnies, por muitos considerado pai da sociologia, que, em obra conhecida, por primeiro registrou, estudou e distinguiu dois tipos de sociedade, a que denominará, respectivamente, *Gemeinschaften* (sociedades comunais) e *Gesellschaften* (sociedades anônimas), mas a que poderíamos igualmente chamar de *sociedades tradicionais* e *sociedades massificadas*.

**Professor universitário, Doutor em Letras pela Pontifícia Universidade Católica do Rio Grande do Sul.*

As *Gemeinschaften* caracterizar-se-iam pela comunicação direta. Eram as sociedades agrárias, tradicionais, conservadoras e fechadas, com não mais do que cerca de vinte mil integrantes, na qual a comunicação podia ocorrer de maneira direta, porque havia uma espécie de controle social imediato, de todos sobre todos, na medida em que todos se conheciam. Basta viajar-se, ainda hoje em dia, a uma cidade pequena do interior para se compreender com facilidade tal conceito e tal prática. Ali, todo o mundo sabe da vida alheia e a possibilidade da *fofoca* é enorme. Mas, em compensação, ninguém precisa ficar preocupado em ser marginalizado socialmente. Porque todos participam, em condições de igualdade, da sociedade como tal. Quando surgem as *Gesellschaften*, contudo, a situação se modifica radicalmente. O crescimento repentino e massivo das cidades, graças à segunda Revolução Industrial e, especialmente, à energia elétrica, faz com que fortes migrações do campo para as cidades ocorram em mínimos períodos de tempo, com o surgimento das plantas industriais e os grandes conglomerados urbanos em torno delas, chegando-se rapidamente às megalópolis. Não por um acaso, Paris transforma-se na "Cidade Luz"; Berlim e Londres concentram mais de um milhão de habitantes. O fenômeno não é exclusivo da Europa.

Os Estados Unidos viveram o mesmo processo, não só pelo desenvolvimento científico que experimentam, quanto pelas conseqüências dele advindas, até mesmo com o forte movimento de imigração, que concentra em seu território diferentes culturas e povos que vão, ao longo de um século, amalgamar-se e aculturar-se, gerando uma nova perspectiva para a civilização norte-americana, tão bem documentada na trilogia romanesca de John dos Passos, **U.S.A.**

Surgem, ao mesmo tempo, os primeiros estudos que registram tais modificações e que se dividem entre aqueles que se felicitam por elas e os que, ao contrário, com elas se preocupam. Refiro-me, especialmente, a Gabriel Tarde, com seu **A opinião pública** e as massas, que aborda favoravelmente o fenômeno, e Gustave Le Bon, com **A psicologia das multidões**, que com ele se preocupa. Mais tarde, surgirão autores como Ortega y Gasset, com seu **A rebelião das massas**, e, enfim, Sigmund Freud, que, em **Psicologia das massas e análise do *eu***, não apenas evidencia estar extremamente atualizado em torno das pesquisas sobre tais fenômenos quanto ser capaz de antecipar-se a eles, uma vez que, ainda em 1921, publica um ensaio que viria a prenunciar o fenômeno do nazismo, tal como se manifestaria na Alemanha e do qual ele próprio seria vítima, só escapando graças a uma forte mobilização mundial, como todos sabemos.

Simultaneamente, nos Estados Unidos, Walter Lippmann editaria seu **Public opinion** (Opinião pública), ainda hoje um clássico, em que toma perspectiva diversa de Freud, porque escrito a partir de uma diferente experiência do pensador austríaco. Para Lippmann, a força da opinião pública é enorme, tornando-se a concretização do Quarto Poder, que, pouco antes, já se reconhecera para a imprensa — num primeiro momento — e para a mídia em geral, no sentido dos meios de comunicação de massa, ao longo das décadas seguintes. Nesse sentido, Lippmann retomava estudos que desde o século XVII haviam se desenvolvido, com pensadores hoje clássicos, enquanto criadores do liberalismo, dentre os quais John Locke, John Stuart Mill, Aléxis de Tocqueville e Jean-Jacques Rousseau. Freud, por outro lado, partiu de estudos recentes, como os de Gustave Le Bon e Mac Dougall, que lê, interprete e revisa, estabelecendo sua própria perspectiva.

II

Para Sigmund Freud, o princípio básico é de um líder tem, em relação ao coletivo, o mesmo papel que o pai em relação ao filho. Mais que isso, propositivamente, em sociedades em que não existam líderes, regride-se à condição de horda, ou seja, aos tempos primitivos. Vejamos isso mais organizadamente, em que tudo era permitido, sem qualquer regra, graças à ausência da liderança.

Freud abre seu ensaio negando a oposição entre psicologia individual e psicologia social, conforme afirmada por Gustave Le Bon. Para ele, o que ocorre em relação ao indivíduo pode ser igualmente observado em nível da organização coletiva ou social. Valoriza, assim, a alma coletiva, fenômeno de multidão, enquanto a multidão é capaz de englobar, numa espécie de clima unitário, as mais diferentes individualidades. Examina, em seguida, as peculiaridades desta multidão, destacando três delas:

    a) *sentimento de poder invencível;*
    b) *contágio mental;*
    c) *sugestibilidade que pode ser contrária à tendência individual.*

Para Freud, assim, a multidão transforma-se em entidade potencializada, não apenas na quantificação quanto na qualificação, na medida em que, pelo que ele denomina de *contágio mental*, as pessoas são capazes de se comportar, coletivamente, até mesmo de modo contrário ao que fariam enquanto indivíduos.

Essa perspectiva, em si mesma, pode ser positiva ou negativa, mas, em geral, correm-se os riscos dos excessos e dos extremos. O risco maior poderá ser corrigido se houver um chefe, um comando. Na verdade, a multidão necessita de um líder, de um chefe que a dirija, sob pena de perder suas potencialidades. Essa liderança se constitui sob duas óticas, a do *prestígio artificial*, adquirido, ou do *prestígio natural*, reconhecido pela multidão, perspectiva aliás que, muitas décadas mais tarde, Pierre Bourdieu também valorizaria. Tais prestígios se estendem à caracterização de duas dessas multidões, como se verá a seguir.

A existência de uma liderança em relação à massa atende à teoria dos afetos, segundo o mesmo Freud. Para ele, existe uma inibição coletiva da função intelectual na relação social, enquanto se intensifica a relação afetiva, que é, no entanto, irracional. Ocorre que, para a existência da multidão ou massa, embora sua *casualidade*, deve haver também alguma *causalidade*, conforme Mac Dougall, ou seja, embora a massa se constitua a partir de certa irracionalidade, ela não está de todo destituída de um objetivo, mesmo que difuso e inconsciente.

É que a constituição da multidão obedece a cinco princípios, que Freud assim discrimina:

a) *continuidade do indivíduo na massa;*
b) *relação daquela massa com outros grupos;*
c) *idéia comum de cada indivíduo a respeito daquela massa;*
d) *tradições e práticas comuns da massa que a individualiza em relação a outros grupos;*
e) *a organização da massa individualiza cada membro, mas, ao mesmo tempo, situa-o junto ao coletivo.*

Assim, o indivíduo, na relação com a massa, adquire uma profunda modificação de sua atividade anímica, pois se sente valorizado, situado, integrado, como parte importante, e não atomizada, de um todo. Reiterando algumas questões levantadas por Gustave Le Bon, como o fato de que o fenômeno da massificação se deve: a) à sugestão recíproca dos seres humanos uns com os outros, e b) ao prestígio de um chefe, Sigmund Freud, ao mesmo tempo, avança nessa perspectiva, mostrando que a massificação se concretiza apenas enquanto fenômeno anímico, primário, graças à *libido* existente em cada ser humano. Ou seja, a energia dos instintos, relacionada com tudo aquilo que é compreendido sob o conceito de *amor*, tanto permite a relação sexual entre dois seres humanos, caracterizada como *amorosa*, explicitamente, quanto leva a fenômenos sociais, como o das multidões. E cita, como exemplos clássicos dessa experiência, conforme o tipo de liderança, dois conjuntos de massas ou multidões artificiais, mas extremamente eficientes: a Igreja e o Exército, que, embora massas artificiais, ambas, podem ser estudadas como referenciais para que se chegue a entender plenamente o processo.

Exército e Igreja, segundo Freud, sobrevivem graças ao espírito gregário característico da Humanidade, o chamado *espírito de corpo*, que leva a sobrevivência das corporações para além dos indivíduos. A hora primitiva, tal como estudada por Darwin, não teria essa perspectiva exatamente pela falta da um líder que permitisse a identificação do *eu* com essa liderança. Assim, a grande revolução na compreensão do fenômeno gregário se deu a partir do momento em que se identificou essa potencialidade, possível graças a algumas condições, discutidas, dentre outros, com Otto Rank, como:

a) *a chamada* substituição do ideal do *eu* por um objeto concreto *que é o* chefe *ou* líder;
b) *a passagem dessa compreensão do nível da psicologia coletiva para a psicologia individual, o que permite entender a transformação da horda nas multidões contemporâneas, já que o indivíduo que participa da coletividade não se aliena totalmente de si mesmo;*
c) *a distinção entre instintos sexuais diretos, desfavoráveis para a formação do coletivo, e indiretos, a ele favoráveis;*
d) *a existência do matrimônio coletivo;*
e) *a compreensão do enamoramento, que repousa na coexistência; da hipnose, que segue de perto os mesmos princípios; da formação coletiva da neurose.*

Para Freud, a projeção da figura do pai, enquanto indivíduo, na perspectiva do complexo de Édipo, para a do chefe, enquanto *pai idealizado*, é que explica tal modificação.

A teoria freudiana hoje em dia é incontestável e tem servido até mesmo para que se compreendam fenômenos mais recentes, como o possibilitado pelos meios de comunicação massivos, como a imprensa, o rádio, o cinema e, mais recentemente, a televisão e a internet.

Os estudos norte-americanos, nesse sentido, complementaram a compreensão do fenômeno esboçada por Sigmundo Freud, ainda que sob outras óticas. Compreendeu-se, por exemplo, que a massa pode se formar mesmo mantendo distância física real, desde que haja um *ideal*, fictício ou não, que aproxime as pessoas e as identifique, constituindo-as em um todo indissolúvel. Sob tal ótica, aliás, é que se passou a tecer uma crítica mais profunda e concreta sobre as possíveis manipulações que os meios de comunicação de massa exerceriam sobre as multidões, constituindo e desconstituindo, em poucas semanas, ídolos, pessoas até então absolutamente desconhecidas, mas que, num bater de palmas, tornam-se figuras admiradas, idolatradas e por quem se nutre profunda paixão.

Também no campo do fenômeno político passou-se a aplicar os princípios freudianos, como o demonstra à saciedade ensaio recente de José Giusti Tavares, que, estudando a chamada psicopatologia do totalitarismo, recupera ensaios de Franz Neumann sobre o Estado autoritário, mostrando que o autoritarismo se implanta a partir do momento em que:

a) *o Estado substitui o governo de direito pelo governo policial;*
b) *existe concentração de poder;*
c) *desenvolve-se um partido estatal monopolista;*
d) *transita-se de controles sociais pluralistas para totalitários;*
e) *passa-se ao uso do terror e da violência.*

O medo e a angústia, característicos de períodos de transição, como os que temos vivido recentemente, com as imensas conquistas tecnológicas que desencadearam o chamado fenômeno da *globalização*, são propícios a tais situações, na medida em que o indivíduo, desarvorado e descentrado, busca a proteção de alguém ou de algo, encontrando-a, eventualmente, no Estado autoritário. As variações para tais tendências são o surgimento de seitas, ao invés das religiões mais tradicionais, que, justamente por sua tradição, demoram mais para dar respostas a tais fenômenos emergentes; e a hipervalorização dos meios de comunicação, que nos fazem sentir como irmanados, constituindo as novéis multidões, como as dos auditórios dos programas televisivos ou dos grandes concertos em ginásios e estádios, do mesmo modo que já constituiu as massas nazifascistas da segunda metade do século XX.

A massa, psicologicamente desprotegida, necessita de lideranças capazes de lhes oferecer consolos, que podem ser religiosos ou de simples consumo imediato, como os ofertados pela publicidade. Theodor Adorno, em **A personalidade autoritária** (1944), e Ernst Todd, com **O louco e o proletário** (1981), estudaram em profundidade tais fenômenos. Ambos coincidem na existência de impulsos inconscientes do indivíduo projetados para o líder ou em um partido como práticas de ultrapassamento desses temores e dessa instabilidade provocada pelas crises e pelos momentos de transição. Há, também, uma tendência inconsciente mais forte para a atitude autoritária, com o sentido de resolver com eficiência os problemas enfrentados e que, em geral, nos desconstituem em nossa individualidade.

Poderíamos aqui, multiplicar os autores que, nas últimas décadas, têm-se dirigido a estudar tais fenômenos. O que não se pode esquecer, contudo, em nenhum momento, é que Sigmund Freud foi um dos primeiros a se preocupar com o tema, no momento mesmo em que ele emergia enquanto fenômeno social, e demonstrou capacidade em compreendê-lo plenamente em seus elementos constituintes mais fundamentais, ao mesmo tempo se antecipando a seu tempo, ao que adviria logo depois, motivo pelo qual seus estudos devem ser sempre lembrados quando abordamos a questão da comunicação e da Psicanálise.

PSICANÁLISE E COMUNICAÇÃO

*Dra. Nina Rosa Furtado**

Usamos as palavras para esconder nossos pensamentos.
(Richelieu)

A Psicanálise sempre foi considerada a *terapia que cura pela palavra*. Tendo iniciado no século passado com os estudos de Freud, em Viena, desenvolveu-se sob a égide do pensamento positivista que dominava as ciências da época. Freud dedicou-se, desde o início, a atender aos requisitos que satisfizessem o paradigma empírico-positivista, tais como observar, descrever, explicar e provar. Procurando manter o mito da neutralidade do pesquisador diante da experiência, comprometeu-se por inteiro com seu trabalho, tendo entre suas maiores descobertas o fenômeno da transferência, o valor dos sonhos como manifestação do inconsciente e a função da análise. Tinha curiosidade e ousada sensibilidade para perceber comportamentos humanos, tanto os próprios do desenvolvimento, como os patológicos. Precisava demonstrá-los, mesmo que, para isso, privilegiasse alguns aspectos de seu interesse para serem estudados e destacados. Foi professor e escritor com rara capacidade de descrever situações, casos clínicos e de sistematizar teoricamente suas descobertas. Tinha consciência de que estava iniciando um processo reformulador e mostrava-se aberto às contribuições que reforçassem os achados psicológicos que realizava. Uma de suas primeiras conclusões baseou-se no uso da palavra como parte fundamental da técnica psicanalítica. Em suas *Conferências introdutórias* sobre a interpretação dos sonhos, diz que:

---

*Médica psiquiatra, graduada do Instituto de Psicanálise da Sociedade Psicanalítica de Porto Alegre.

> *nada ocorre no tratamento psicanalítico a não ser uma troca de palavras entre o paciente e o analista (...) As palavras eram originalmente mágicas e retêm ainda em nossos dias grande parte do seu poder mágico* (Freud, 1916, v. XV, p. 29).

Quem trabalha com pacientes em análise sabe o valor dessa afirmativa de Freud e o quanto ela tem de verdadeira. O falar, o calar, o negar, o desdizer, o repetir, e muitas outras formas de expressão fazem parte do trabalho diário de um analista. Em alguns momentos, as palavras são ricas e fundamentais; em outros, pobres e insuficientes. Muitas vezes, o silêncio é eloqüente, esmagador e repleto de mensagens. Com muita freqüência, levam-se alguns anos para poder proferir uma determinada palavra ou frase, tendo-se passado todo esse tempo a evitá-la; é como se, chegado esse momento, algo mágico e fundamental ocorresse dentro e fora de nós. Pensa-se muitas vezes em quantas coisas se gostaria de ter dito e não se disse; e causam arrependimento algumas palavras que escaparam e que melhor fora nunca havê-las pronunciado. Esses fenômenos fazem parte do território da Psicanálise. Formam terapeuta e paciente uma dupla que desenvolve um texto único, quase como um dialeto ou linguagem de tribos primitivas, transitando entre as histórias de outros personagens, as do paciente e as do analista; percorrendo o passado e o presente, o momento do aqui e do agora.

Graças a essas inter-relações e à importância dos aspectos subjetivos que elas englobam, a Psicanálise interage com o *corpus* de outras ciências, tais como a Filosofia, a Sociologia, a Comunicação e as Ciências das Linguagens.

A abrangência do tema prende-se ao fato de que toda a ciência que se disponha a estudar o comportamento humano de forma dinâmica; que pretenda trabalhar com a interpretação no sentido amplo do termo; que não se aceite como conhecimento pronto e acabado e que não procure a tranqüilidade das verdades finais, irremediavelmente deverá beber na fonte da interdisciplinaridade. Caso contrário, corre o risco de só perceber o que for evidente e explícito e, exatamente por isso, perder o mais importante.

Por necessidade de objetivação, será focalizado o discurso do paciente com seu analista, suas formas de comunicação verbal e exteriorização de conteúdos conscientes e inconscientes, presentes em seu imaginário e em sua história, levando sempre em consideração a relação interativa paciente e analista.

Destaca-se ainda o aspecto polêmico e heterogêneo do inconsciente do paciente que pode ou não ser traduzido pelo analista, o que implica a discussão sobre a metalinguagem do tratamento analítico.

O discurso é o contato do histórico com o lingüístico, diz Pêcheux (1983). O paciente conta uma história: nessa trama narrativa, movimentam-se os personagens e os investimentos afetivos que envolvem cada fato, real ou imaginário, que de alguma forma foram significativos para ele; algo que foi construído no decorrer de sua existência, como um projeto arquitetônico emocional, muitas vezes de linhas rígidas e sólidas, representando defesas contra os sofrimentos a que já esteve exposto. Faz parte do trabalho analítico reconhecer essa construção no discurso do paciente e, com paciência de um arqueólogo, empatia e técnica específica, ir promovendo uma reestruturação conjunta. As possíveis mudanças internas aparecerão no discurso do paciente como sinalizadoras de uma reconstrução, espera-se, mais adaptada e geradora de menor sofrimento.

Habitualmente, a análise do discurso psicanalítico lança mão de conhecimentos da teoria analítica, da prática clínica e de princípios, intuitivos ou não, dos modelos semióticos. Desse conjunto, destacam-se alguns aspectos implicados no processo comunicativo, envolvendo paciente e analista que só se manifestarão se esse encontro se estabelecer com base na produção de textos viva, afetiva e a mais clara possível, levando em consideração a heterogeneidade do discurso, as relações interdiscursivas e as diversas formas de linguagem humana.

Freud estudou aspectos inerentes à fala dos pacientes que permitiam tornar consciente um inconsciente que condensa fenômenos psíquicos colecionados numa vida inteira, vindos à tona por meio de palavras, atos e sonhos. Dessa forma, o significado do texto do inconsciente estrutura-se a partir de inúmeras falas significativas da história daquela pessoa. E é por isso que o trabalho interpretativo funda-se na decifração dos mitos, da polifonia, dos signos, cujos sentidos, com maior ou menor evidência, prestam-se à interpretação.

A linguagem, como um todo, envolve o corpo, a postura, a apresentação, o afeto, o momento e tantos outros elementos, diante dos quais a palavra torna-se uma coadjuvante no ato da comunicação.

Como diz Meltzer:

> *A mente é a função geradora de metáforas que usa o grande computador, o cérebro, para escrever sua poesia e pintar seus quadros de um mundo cintilante de significados. E significado é, em primeira instância, a manifestação fundamental das paixões da relação íntima com a beleza do mundo* (1988, p. 35).

Salientam-se as palavras de Freud a Marie Bonaparte:

> *Os espíritos medíocres exigem da ciência que esta lhes traga uma espécie de certeza que ela não poderia dar, uma espécie de satisfação religiosa. Somente os raros espíritos realmente científicos se mostram capazes de suportar a dúvida que se liga a todos os nossos conhecimentos. Não cesso de invejar os físicos e matemáticos que estão certos do que afirmam. Quanto a mim, plano, por assim dizer, nos ares. Os fatos psicológicos não parecem ser mensuráveis e provavelmente permanecerão sempre assim* (Mijolla, 1985, p. 95).

Sabe-se que, durante grande parte deste século, as diferentes áreas das ciências humanas, em busca de se estabelecerem e serem reconhecidas, procuraram dotar de rigor e cientificidade suas construções teóricas e metodológicas. Em nome do reconhecimento científico, abdicaram, na abordagem de seus objetos de estudo, de todos os conhecimentos que não pudessem ser adquiridos mediante aplicação de métodos rigorosos e seguros.

Se é verdade que toda a teoria é uma grade de conceitos que quando aplicados a um objeto de estudo, sempre o reduz, sobrando muito desse objeto que ela não pode dar conta; também é verdade que quanto mais restrita for essa grade, mais sobrará do objeto.

O grande desafio desse final de milênio, na área das ciências humanas, parece ser a introdução do contexto como elemento indispensável à compreensão dos fatos psicossociais. Recuperando-se tal contexto, como concebê-lo e analisá-lo de forma rigorosa?

Não há como interpretar, isto é, dotar de sentido, qualquer texto, produzido de forma consciente ou inconsciente, sem considerá-lo no contexto da cultura em que foi gerado; da sociedade que construiu seus mitos e permitiu sua explicitação; do contato comunicativo estabelecido entre enunciador e enunciatário, com hierarquização e determinação de papéis no interior de um campo social pertencendo a uma determinada formação discursiva.

Além disso, há ainda que sempre se considerar os aspectos individuais, constitucionais e familiares que configuram os interlocutores, como também uma história na qual há espaço para o aleatório e o acaso.

PSICANÁLISE E LITERATURA

*Maria da Glória Bordini**

Enfrentar o tema "Psicanálise e Literatura" é hoje uma espécie de eterno retorno do que já foi dito. Desde que Sigmund Freud, em 1886, voltou a Viena, vindo de Paris, e começou a se preocupar com as neuroses, passaram-se inumeráveis vicissitudes na vida do descobridor da psicanálise, um judeu ateu, cientista incompreendido, antimonárquico e antiburguês, alvo de polêmicas e dissidências tanto quanto de sacralização póstuma. Suas teorias, porém, encontraram um solo fértil em traumas para florescerem. A Europa, que desde o fim dos anos oitocentos sofreu duas grandes guerras, o horror do holocausto e muitas outras pequenas guerras, viu espalhar-se como uma febre a nova maiêutica, até chegar aos Estados Unidos e a Hollywood, tornando-se aos olhos do leigo um clichê confortável, destinado a apaziguar as angústias. Das *Obras Completas*, bíblia dos analistas, aos livros de auto-ajuda psicológica, fonte inesgotável de lucro para autores e editores, as idéias de Freud tem sido ora aperfeiçoadas, ora mal entendidas, mas ainda circulam. Não há no mundo ocidental quem não tenha ouvido algum dia a frase "Freud explica" ou algo semelhante, salvo aqueles que vivem em estado de miséria absoluta, privados de vida cultural ou isolados em comunidades ainda ágrafas e primitivas.

Muitas crenças e mitos, portanto, cercam a prática psicanalítica que, pela qualidade dialogal que a constitui, bem como por envolver o discurso narrativo, aproxima-se das artes da palavra. André Green, em artigo denominado "La Déliaison", para a revista

---
*Professora universitária, Doutora em Letras pela Pontifícia Universidade Católica do Rio Grande do Sul.

Littérature (n. 3, Paris: Larousse, 1971), traduzido como "Literatura e Psicanálise: A Desligação", por Lígia Vassalo, para a coletânea de Luiz Costa Lima intitulada *Teoria da Literatura em Suas Fontes* (Rio de Janeiro: Francisco Alves, 1983. V. 1, p. 208-236), situa uma série de questões que poderiam fazer parte de uma discussão atual sobre esse relacionamento que já tem um século e rendeu inumeráveis trabalhos, achados e equívocos.

Deixando de lado o que Green pensa sobre a morte anunciada da literatura — falava a partir dos anos 70, em que vigorava a idéia da morte do autor e do desaparecimento da literatura autoconsumida por si mesma, antes mesmo do advento da concorrência dos mídia eletrônicos — e desconsiderando o alegado declínio de sua companheira de certo modo fiel, a Psicanálise, que, ao popularizar-se, produziu a mistificação em ampla escala, interessa lembrar, num primeiro momento, o que já então se dizia de um dos lados mais fortes dessa relação: o da interpretação dos textos pelo ângulo psicanalítico.

No âmbito dos estudos literários, tornou-se uma prática bastante comum a abordagem psicanalítica dos textos. Os resultados nem sempre convencem e em geral não passam de ensaios de aplicação mecânica das teorias freudianas ou lacanianas às obras. Tendo em vista esse viés desabonador, que vem em desprestígio para a própria Psicanálise, Green aponta para a necessidade de que o analista de textos seja versado nessa ciência ou pelo menos tenha dela alguma experiência. Reunindo as desvantagens dessa franca apropriação dos princípios psicanalíticos pelos leigos, é possível distingui-las em três áreas da atividade literária: a do autor, a do leitor e a do crítico.

De parte do escritor, as conquistas de autoconhecimento que a Psicanálise traz nem sempre resultam em obras cujo fundo deliberadamente psicanalítico seja responsável pela qualidade literária. Não seria despropositado lembrar, nesse sentido, a tentativa de Erico Verissimo de representar a amnésia na sua novela *Noite*. Apesar de haver reconstruído com realismo inquietante a solitária travessia do Desconhecido pela cidade, afligido por uma culpa que obscuramente o persegue e de haver mostrado com a habilidade pictórica de um Toulouse Lautrec a configuração hostil da noite citadina, quando expõe o trauma de infância da personagem a tensão desmorona, e o leitor se sente roubado do mistério que até então o mantinha preso à leitura.

De parte do leitor, trata-se do mesmo obstáculo: conhecer Psicanálise não garante nem uma leitura fundada nos princípios psicanalíticos nem qualquer autoconsciência de si como leitor desejante. Na sua maioria, os leitores leigos de literatura entregam-se ao fascínio do texto, vivem suas peripécias, aderem ou rejeitam os valores que movem as personagens, pensam, sem assim o perceberem, os pensamentos do texto, como constata Wolfgang Iser, saindo de si mesmos, mas simultaneamente sentem-se protegidos do risco de se perder nessa entrega pela própria materialidade do volume que lêem. Ao fim e ao cabo, fecham o livro e, com ele, as possibilidades alternativas de experiências vividas durante a leitura, voltando ao cotidiano.

Alguns sentem que no fundo aprenderam algo ao se divertirem, como os leitores de Luis Fernando Verissimo. Outros saem sufocados e logo querem esquecer o que leram, porque os angustia. De algum modo, certos livros de Scliar têm esse efeito, como *Os Deuses de Raquel* ou *O Centauro no Jardim*. É raro aquele que de fato se sente modificado pela leitura. Talvez seja o caso com certos poetas. Por exemplo, dificilmente alguém resiste à magia encantatória dos versos de Quintana, tanto que "Da primeira vez que me assassinaram..." é reconhecido por uma imensa fatia de populares. Todavia, não se trata, em nenhum desses casos, de uma visão iluminada de si mesmos, como a auferida na terapia psicanalítica.

O problema se avoluma quando o crítico literário resolve valer-se do método psicanalítico. Green é taxativo: "para desvelar os tesouros ocultos [da literatura], importa, primeiro, que ele [o crítico] tenha feito *in vivo* o percurso que o colocará com aquilo que sua consciência ignora necessariamente para abrir-se ao âmbito do inconsciente, que é primeiro e antes de tudo *seu* inconsciente, condição essencial para falar do inconsciente dos outros, ainda que seja o dos textos literários"(p. 211).

Assim como o analisando contesta a interpretação do analista perguntando por sua justificativa, por seu método, assim também o crítico quer do psicanalista indicações sobre seu caminho epistemológico, como se o simples saber pudesse contornar a necessidade da troca reveladora entre o texto e seu intérprete, como se o poder interpretativo pudesse ser exercido sem riscos. Green tem razão quando salienta que a relação analista-analisando não é correlata à do texto com seu intérprete, porque nesta falta a interação face-a-face.

À diferença do leitor e do crítico, o psicanalista não lê o texto literário. Ele o escuta, num atitude flutuante, que não segue o impulso fornecido pela estruturação do discurso, mas fica atento àquilo que pode perturbá-lo. É claro que o texto não responde a suas interpretações, como seu analisando e que ele não pode trabalhar as associações, como no ato psicanalítico. Só pode interpretar as suas próprias reações, pois o texto continuará ali, dizendo apenas o que as frases explicitam ou revelam nos seus implícitos.

O fato de que o texto artístico se caracteriza pela presença de indeterminações, as quais obrigam o leitor a exercer sua imaginação, participando da urdidura da obra, autoriza o psicanalista a ficar alerta para os modos como concretiza essa obra para si, preenchendo com suas vivências e desejos essas lacunas. Acontece, porém, que igualmente no caso do crítico-psicanalista, a tendência é ver o texto pelo prisma da teoria e não do método *in actu*. Assim, também o psicanalista que lê a obra esquece-se de escutá-la e de escutar-se.

Para analisar psicanaliticamente uma obra literária, quem empreende a tarefa precisa desvencilhar-se da lógica aparente da superfície textual, assim como não pode usufruir do prazer da forma, princípio da sedução do leitor. Se a literatura é feita da matéria de que os sonhos são feitos, como quer Shakespeare, essa comunidade reside, como aponta Green, no processo de elaboração secundária. Um texto, já sugerira Freud, é como um fantasma, que o desejo governa subterraneamente. Vestígios do processo primário afloram justamente naquelas passagens contingentes que a necessidade e a verossimilhança, elementos estruturais correspondentes ao processo secundário, não explicam.

Assim é que, ao ler *Romeu e Julieta*, o que impressiona a imaginação, para além da trama milimetricamente planejada de modo a terminar na catástrofe a todo tempo esperada, é a brutal coincidência que leva à morte de Romeu e ao suicídio de sua amada. Inexplicável intervenção do acaso, a morte desnecessária dos dois jovens nos afeta ao recordar-nos que, também para nós, morrer é desnecessário e impensável, mas mesmo assim morremos. O horror da tragédia tem certamente a ver com nossa finitude, com a vivência da separação ontológica, como afirma Gerd Bornheim em seu excelente estudo sobre o trágico (cf. Breves observações sobre o sentido e a evolução do trágico. In: ___. *O sentido e a máscara*. Porto Alegre: Curso de Arte Dramática, Faculdade de Filosofia, UFRGS, 1965). No entanto, saímos aliviados da leitura — ou do espetáculo —, não porque somos seres indiferentes, mas porque aquela morte não foi ainda a nossa, e os heróis morreram em nosso lugar.

De qualquer forma, a interpretação psicanalítica do texto literário pode trazer à luz algumas verdades. Segundo ainda a exposição de Green, uma delas é a do desejo de escrever e de ler (ligado aos processos de auto-exposição e de curiosidade sexual). Outra é a do fantasma que é o pré-texto do texto, sendo este o pré-texto dele (implicando uma relação narcísica). Outra ainda é a da ilusão, dando ao texto um valor que pode até afetar a relação com o real (como num delírio). Finalmente, a última é a verdade histórica, de que o texto é produto, tanto da parte do autor como do público. Que a interpretação produza algo dessas verdades é sempre motivo de tristeza, já que, como adverte o ensaísta, "todo saber verídico é acompanhado de uma perda irrecuperável. Uma ferida narcísica inflingida a quem quer levantar o véu da ilusão" (p. 218).

Essa "ferida narcísica" é bem conhecida de qualquer crítico literário. O folclore na área adverte até que não se trate de autores vivos. A crítica psicanalítica, por isso, hoje é bem mais cautelosa, mais do que ao tempo de Freud, o qual não deixou de tentar ver, na literatura, qual era o tratamento dado aos problemas da existência humana que ele encontrava em seus pacientes e em si mesmo. Essa investigação certamente não teria agradado os objetos de seu estudo. Valendo-se primeiro de dados da biografia dos autores e associando-os aos temas de suas obras, ele não hesitou em "psicanalisar", por exemplo, Dostoiévski em relação ao parricídio, nos *Irmãos Karamázov*, ou Leonardo da Vinci, o homossexualismo e a sublimação, quanto ao enigmático sorriso da Gioconda. O próprio desenvolvimento de sua prática, entretanto, o tornou mais prudente. Nos ensaios intitulados "Delírios e Sonhos na *Gradiva* de W. Jensen" e "Tema da Escolha de um Cofrinho", quando invoca o *Mercador de Veneza* e o *Rei Lear* de Shakespeare, ele altera essa metodologia inicial e trabalha pela superposição de textos, comparados com temas míticos e folclóricos, a fim de estabelecer um eixo comum, radicado na vida do inconsciente, abrindo caminho para a atividade do que hoje tem sido chamado de psicocrítica, exercida na França por Charles Mauron.

O problema dos modelos de interpretação psicanalítica de textos literários extraídos do trabalho de Freud é que levam ao impasse de que tudo acaba esclarecido pela repressão do desejo ou sua sublimação, por meio dos mecanismos de condensação e deslocamento operantes no sonho. Toda criação artística se torna resultado de um "devaneio acordado", em que as pulsões inconscientes são transladadas pelo ego para imagens socialmente aceitáveis, o que daria conta da angústia criativa durante o processo e da sensação de gozo diante da obra concluída. A especificidade e singularidade de cada obra e seu efeito estético único a cada leitura histórica parecem ficar num segundo plano, o que tem contribuído para o descrédito das relações entre a literatura e as teorias freudianas.

O caso é que uma tal atitude negativa não tem fundamento na história da familiaridade da Psicanálise com a arte da palavra. Desde as origens da formação dessa disciplina, a literatura a acompanha. Max Milner, em *Freud e a Interpretação da Literatura* (Paris: SEDES, 1997), informa que Freud, quando jovem, teve uma formação clássica, estudando alemão, grego, latim, francês, inglês, línguas ampliadas no seio da família pela aquisição do hebraico. Mais tarde aprendeu o italiano e o espanhol, o que prova que a natureza das questões lingüísticas não lhe era estranha e que sua cultura não se limitava à de língua alemã. Na *Interpretação dos Sonhos*, ele lembra que seu amor pelos livros despertou quando o pai lhe deu uma narrativa ilustrada a cores de uma viagem à Pérsia. Além de comprar muitos livros, ele os lia. Shakespeare, ele leu aos oito anos e sabia de cor passagens inteiras da obra do bardo inglês. Na correspondência com sua noiva Martha, fala de livros que compra para discutir com ela: Goethe, Heine, etc. Leu igualmente muitos escritores ingleses: Milton, Burns, Walter Scott, Fielding, Dickens, Thackeray, George Eliot, e espanhóis: Calderón de la Barca, Cervantes. Um de seus livros preferidos, ao tempo do noivado, era a *Tentação de Santo Antônio*, de Flaubert, que o desafiava, pois evoca, nas suas palavras, "não somente os grandes problemas do conhecimento mas levanta os verdadeiros enigmas da vida, todos os conflitos de sentimentos e impulsos" (*Cartas a Martha Bernays*, 26 jul. 1883).

Essas histórias das leituras do psicanalista vienense são o sustentáculo da tese corrente de que Freud não apenas buscou nos textos a comprovação para suas idéias ou constatações clínicas, mas foi inspirado pelas obras-primas da literatura a ver os problemas terapêuticos sob a luz da ficção. É o que se depreende da biografia que dele escreve Ernest Jones, quanto à descoberta do complexo de Édipo em sua auto-análise, associada ao *Édipo-*

Rei de Sófocles e ao *Hamlet*. Essa tese de certa forma é circular, ou seja, Freud vê nas obras modelos de conduta, que sua prática encontra nas condutas que modelam suas teorias. A literatura, por essa via, sai engrandecida, enquanto a Psicanálise fica reduzida a uma espécie ancilar de compreensão do humano, compreensão esta melhor expressa no objeto literário.

A tese, entretanto, não é corroborável. Na *Gradiva*, de Jensen, Freud admite que a arte do autor toca as mesmas cordas da alma humana que a Psicanálise faz soar, mas não rebaixa a atividade Psicanalítica em favor da literária. A verdade é que literatura e psicanálise são duas ordens diversas de produção simbólica, cada uma com seus direitos e estatuto próprios e inconfundíveis. Se as novelas de Kafka oferecem um mergulho vertiginoso no absurdo da existência — e citamos, a propósito, *O Processo* ou *A Metamorfose* — bem no fundo, para a Psicanálise, estariam os processos primários, o desejo e a culpa, comuns a todos nós, só que manifestos pelo discurso artístico, capaz de magnificá-los e insinuá-los como se só pertencessem a Kafka. ou a Gregor Samsa.

Para ajudar o entendimento dessa diferença, Milner, após percorrer cronologicamente a obra de Freud e levantar suas idéias sobre a interpretação da obra de arte, arrola algumas constatações úteis. A primeira é a do erro em que incidem aqueles para quem a interpretação analítica explica a obra pelos conflitos inconscientes do autor, a partir da história de sua infância. Esse preconceito é descartado pelo argumento de que a relação analítica é transferencial e que não há transferência possível entre um psicanalista e um texto. Dessa forma, os dados biográficos só podem ser usados na crítica de fundo psicanalítico como hipótese, como faz Freud. A Psicanálise, afirma Milner taxativamente, "não tem nada a nos dizer sobre a origem do dom artístico"(p. 198).

Não é possível, portanto, traduzir a linguagem simbólica de uma obra literária como indicativo de traumas ou neuroses de seu autor. Se assim fosse, Machado de Assis seria visto como um melancólico algo paranóico, perseguido por um invencível complexo de inferioridade, que extravasaria suas frustrações numa criatura como Dom Casmurro. Também não seria possível explicar como um Rimbaud, capaz de escrever *Uma Estação no Inferno,* acabaria silenciando aos 20 anos e se dedicando à vagabundagem e à barbárie. Vida e obra nem sempre são consonantes e há casos suficientes na literatura para provar que a dissonância entre as duas existe. Depois do estruturalismo, que advogava a imanência do sentido na estrutura da obra, a abordagem biográfica só tem autoridade quando se trata de reconstituir as condições de produção que podem ter determinado certos valores ou temas da obra.

Em segundo lugar, Milner lembra que a Psicanálise não reduz o misterioso e o complexo da obra de arte ao simples e ao conhecido, ou seja, aos conflitos que ela mascararia. A Psicanálise não decifra, não dá sentido claro ao que é obscuro, mas tenta abrir um campo de indeterminação para dar acesso ao desejo inconsciente. Freud, no ensaio "O Poeta e a Imaginação", já dissera isso, além de assemelhar a obra de arte ao sonho. Todavia, essa afirmação não significa mais do que reconhecer que, assim como na vida, também na criação literária operam forças psíquicas diretamente inacessíveis, só percebidas por seus sintomas. Como a arte é essencialmente lúdica, pelo jogo pode eventualmente vencer a barreira da censura, se bem que, como no sonho, desfigurando e refigurando o reprimido.

É assim que *Grande Sertão: Veredas* lida com temas tão complexos como o perigoso da travessia, a atração pelo semelhante, o comércio da alma, o oco do desejo, utilizando figuras ambíguas como Riobaldo e Diadorim, o pacto com o demo, a vida vertente nos rasos do sertão, a honra entre bandidos. Quanto mais regionalidade aparece no discurso e nas personagens de Guimarães Rosa, mais universal parece aquele mundo que nos defronta com o limiar do desconhecido, com a ameaça da finitude, com a sabedoria dos sobreviventes.

Chega-se, então, ao outro lado do relacionamento entre literatura e Psicanálise: o da gênese da obra. O desejo trabalha com a linguagem do artista da palavra da mesma forma que no sonho, com metáforas — processos de condensação — e metonímias — processos de deslocamento. Isso aparece na literatura ao nível fonológico e gramatical, em que os investimentos da energia psíquica irrompem nos desvios e obliterações da sintaxe da frase e de sua sonoridade, como quer Julia Kristeva em *A Revolução da Linguagem Poética*, obra em que distingue o semiótico do simbólico e empresta à justaposição do primeiro sobre o segundo a possibilidade da poeticidade.

Um poema como este, de Jorge de Lima, pode esclarecer esses processos compositivos:

> *Não procureis qualquer nexo naquilo*
> *Que os poetas pronunciam acordados,*
> *Pois eles vivem no âmbito intranqüilo*
> *Em que se agitam seres ignorados.*
>
> *No meio de desertos habitados*
> *Só eles é que entendem o sigilo*
> *Dos que no mundo vivem sem asilo*
> *Parecendo com eles renegados.*
>
> *Eles possuem, porém, milhões de antenas*
> *Distribuídas por todos os seus poros*
> *Aonde aportam do mundo suas penas.*
>
> *São os que gritam quando tudo cala,*
> *São os que vibram de si estranhos coros*
> *Para a fala de Deus que é sua fala.*

Nos versos de Lima, o nível sonoro institui um movimento contínuo, que contradiz a proibição da primeira estrofe, de não buscar lógica na voz desperta dos poetas, e que liga a segunda estrofe à primeira e à terceira, revelando a acuidade do entendimento poético. A quebra desse fluxo, na quarta estrofe, após a pausa em "penas", destaca a função de porta-vozes divinos dos poetas, reforçada pela estrutura rímica, que aproxima livremente termos como naquilo/intranqüilo, acordados/ignorados, habitados/renegados, sigilo/asilo, antenas/penas, poros/coros, cala/fala. As associações geradas pela repetição sonora reconfiguram o sentido e produzem outra leitura, potenciando o tema antigo do poeta-profeta, por meio do qual falam os deuses. Todavia, um sentido submerso impregna o último verso: o poeta é a voz de Deus ou a voz do poeta é que fala Deus?

Nos textos literários, no nível do sentido, as repetições de imagens, os tiques estilísticos, as palavras-chave, as preferências quanto a estruturas narrativas ou situações dramáticas, romanescas ou líricas, enfim, tudo o que se repete indicia pressões inconscientes. A diferença entre sonho e literatura é que, pelo processo de sublimação, o investimento do desejo se faz não contornando a censura, mas fixando-o sobre objetos não sexuais e socialmente valorizados. Assim, o artista também cria fantasmas, mas estes não se destinam a satisfazer seus próprios desejos, como no sonho, e sim podem ser partilhados por outras consciências ou outros inconscientes. Está na intersubjetividade e na sublimação o fio que separa artistas de neuróticos.

Num fragmento como este, de *O Risco do Bordado*, de Autran Dourado (Rio de Janeiro: Expressão e Cultura, 1973, p. 111), em que João fica sabendo da tentativa de suicídio de seu admirado Tio Zózimo, percebe-se a função da repetição na narrativa:

O tiro explodiu no ouvido do menino, ficou zunindo no ar, sem fim. Ele tonto, aquele som redondo feito o chocar de dois mundos, o rimbombar de um trovão quando uma tarde de chumbo de repente no pasto de seu Luquinha ele sozinho, abandonado, perdido. Como se uma trompa fantástica tivesse soado, e os seus sonidos ecoavam pelo mundo afora, por covas e corredores, labirintos e condutos invisíveis, grutas de estalactites (gotas incessantes pingavam no lajedo), por descampados e pisos ladrilhados, corredores de azulejos e campânulas de vidro que súbito se estilhaçavam, ele próprio uma caixa acústica ressoante, um pavilhão e uma concha: as trompas e as trombetas do Juízo acordariam vivos e mortos na hora derradeira, todas as lembranças ressurrectas, e tudo se encadeando e se explicando, ele de repente lúcido, pálido e branco porque tomara conhecimento nas suas mais íntimas fibras; e o som golpeando, percutindo, virando, araponga que estourasse no seu canto de malho e bigorna. E aquele tiro, aquele estrondo, aquelas paredes ruindo, tetos desabando, vidros partindo, ainda haviam de vibrar durante muito tempo no ar, de vez em quando e sempre, nos sonhos e pesadelos, quando ele acordava empapado de suor no meio da noite sempre e ainda agora.

Veja-se que os elementos arrolados ligam-se a estrondo e audição, destruição e sensação de perda. A acumulação aflitiva do som e da vertigem intensifica o significado da descoberta da falibilidade do tio para o menino. Trata-se aparentemente do fim da inocência infantil, encarnado no eco estonteante do tiro não ouvido, mas contado, rompendo com um antes estreito liame de identificação masculina mas ao mesmo tempo tornando o menino mais forte pelo novo saber, que o iguala ao resto da família. Observando-se, entretanto, as repetições, o que mais chama a atenção são as figuras de trompas, covas, grutas, corredores, objetos assimiláveis ao útero e à angústia do nascimento.

Esse fragmento também introduz a questão ambivalente da origem do prazer estético. Para explicá-la, Milner evoca dois princípios psicanalíticos, a identificação e a superação das inibições. A obra, assim como satisfaz o desejo do seu criador, faz o mesmo com o de seu leitor. Milner não diz que o desejo ou o tipo de satisfação devem ser coincidentes entre criador e receptor, mas o provável é que sendo o estoque de desejos muito limitado, as formas sublimadas de satisfazê-los, por mais diversas que sejam, venham a incidir nos mesmos pontos.

O fragmento de Autran Dourado propõe a mesma pergunta que Freud tenta responder e que aflige as platéias desde os gregos. Como se pode ter prazer ao assistir ao sofrimento de um herói e ao identificar-se com esse sofrimento? A resposta inicial é que todos carregam traços de masoquismo. Diante da obra de arte, o masoquismo moral busca o sofrimento por um sentimento de culpa inconsciente e por uma necessidade de punição proveniente da censura exercida pelo superego sobre o ego. É o caso da tragédia, em que sofremos a dor do herói trágico porque tanto quanto ele reconhecemos nossa desmedida, mesmo não praticada, contra a ordem cósmica.

Quando, diante de um conto fantástico, nos comprazemos com o temor do estranho, são experiências reprimidas, como o complexo de castração (vide *O Homem de Areia,* de Hoffmann, analisado por Freud) ou a repetição do semelhante, uma das formas da pulsão de morte, que, reencenadas simbolicamente, permitem que se erga a barreira da inibição e se libere a energia psíquica ali residente, que impedia o acesso à consciência da representação dos desejos reprimidos.

Essa atitude de gozo pode ser associada à teoria da catarse aristotélica, mas com uma diferença fundamental. Para Aristóteles, o texto permite que o espectador purgue uma paixão que está nele, tornando-se mais racional. O espectador, junto com as personagens, reconhece pela trama dos fatos do mito, o que desde o início lá estava: a injunção da ordem metafísica, contra a qual o homem nada pode. Assim, todas as vicissitudes e acasos são filtrados pela idéia de necessidade, que a razão descobre ao seguir a lógica dos atos. O prazer aí deriva tanto da anulação do passional pela compreensão racional, quanto do conhecimento daí auferido. Para Freud, porém, a catarse é uma descarga: temos em nós algo que não reconhecemos e, ao vê-lo em forma imaginária diante de nós, podemos desejar o que não ousávamos sob a pressão da censura. Daí o prazer, que não é purgação, mas liberação. Dá-se esse caso tipicamente no cômico, em que liberamos tensões agressivas.

O prazer estético como satisfação substitutiva do reprimido converge, do ponto de vista psicanalítico, para a noção de narcisismo, pondo o eu em realce absoluto, pois é esse eu que, ao criar existências que superam as limitações do real, ao criar duplos que são projeções do ego e do ideal do ego ao mesmo tempo, possibilita a si mesmo amar-se como é e como deveria ser. Dessa forma, a literatura atua como compensação para a mortalidade. Num texto de 1915, "Considerações atuais sobre a guerra e a morte", Freud diz o seguinte:

"A tendência de excluir a morte da conta da vida traz consigo muitas outras renúncias e exclusões. E, sem embargo, o lema da Liga hanseática reza: *Navigare necesse est, vivere non necesse*! (Navegar é necessário, não é necessário viver)" [que Fernando Pessoa poetou como "navegar é preciso, viver não é preciso"].

Então, haverá de suceder que iremos buscar na ficção, na literatura e no teatro uma substituição para tais renúncias. Nesses campos encontramos ainda homens que sabem morrer e até matar os outros. Só neles se cumpre para nós a condição sob a qual poderíamos nos reconciliar com a morte, isto é, a de que por trás de todas as vicissitudes da vida conservássemos ainda uma outra vida intangível. É triste demais que na vida possa acontecer como no xadrez, em que uma má jogada pode nos forçar a dar por perdida a partida, com a diferença de que na vida não podemos começar logo uma segunda partida de revanche. No campo da ficção, achamos aquela pluralidade de vidas de que precisamos. Morremos em nossa identificação com o protagonista, mas sobrevivemos a ele, e estamos dispostos a morrer outra vez, igualmente indenes, com outro protagonista (Freud, *Obras completas*, v. 2, p. 2110).

A idéia é de que a arte pode multiplicar nossa existência, atualizando as possibilidades que não podemos tornar reais, e mais ainda: que pode multiplicar os mortos, impedir a morte pela repetição. Daí a satisfação narcísica não só de quem a consome mas de quem a produz: o artista tem a ilusão de ser o pai de suas obras e, portanto, seu próprio pai, um demiurgo que se basta a si mesmo, fugindo, pois, ao princípio da realidade. Freud não cansou de repetir que o artista é mais que o sábio quanto ao conhecimento do inconsciente e insiste em que os intérpretes não fazem senão limitar aquilo que a arte oferece. Todavia, como se vê pelo trecho acima, não deixa de dessacralizar o mito da onipotência do artista, mostrando que o criador está submetido às mesmas constrições que todos e indiretamente apresenta o saber científico como possibilidade de evitar a carga ilusória e enganosa desse saber artístico.

O que não é justo, entretanto, é pensar que a arte, porque propõe mundos fictícios, alternativas de vida, se oponha à realidade. Para Freud, ela é antes um compromisso, um lugar de passagem, uma reserva de satisfação inconsciente de que o homem necessita para enfrentar as dificuldades da realidade. Ela funciona, conforme Sarah Kofman, em *A infância da arte* (Paris: Payot, 1970, p.186), como suplemento originário ao princípio do prazer. Embora o que ocorra no texto seja fantasia, o que acontece no leitor, com os seus desejos, é da ordem do real. E, se a literatura se alia à pulsão da morte, ao tentar adiá-la e ao conformar-nos à realidade, ao invés de, obedecendo ao impulso erótico, nos arriscarmos a modificá-la, diz Milner que também é ela que, ao obliterar a morte, nos dá essa noção de ausência, a ser preenchida, revertendo, pois, na transformação do real.

Conclui-se, pois, que a literatura, por sua potência de representação, a mais acentuada em todas as artes, já que seu meio é a palavra e esta tudo pode nomear, é uma instituição imprescindível para uma vida de boa qualidade. Mesmo para aqueles que não possuem a clarividência decorrente da experiência analítica, os simples leitores, ela propicia conforto psíquico, mobilizando esferas ocultas à consciência e deixando fluir a energia represada. Seja o texto literário, seja a atividade literária aliados da pulsão de morte ou da pulsão de vida, em todo caso é entre ambas que nos debatemos, e a literatura pode conciliá-las.

Somos felizes também porque podemos nos entregar ao prazer do texto, vida a fora. Livros há aos milhões. O que não podemos é substituir a vida por eles, ou a necessária tensão dos contrários, que já para os pré-socráticos mantinha o cosmo em ordem, a tensão que hoje poderíamos situar entre o princípio da realidade e o princípio do prazer, será desfeita e, com ela, nossa sanidade.

Psicanálise e literatura: Goethe e Freud: Algumas pétalas no Grand Canyon

*Juarez Guedes Cruz**

1. Uma pétala de rosa no Grand Canyon

Antes de apresentar o texto que preparei para a noite de hoje, quero combinar algo com vocês. Imaginem, durante o tempo que durar minha leitura, que alguém aproxima-se de um dos mirantes do Grand Canyon, nos Estados Unidos. Depois de contemplar aquela imensidade, colorida por centenas de milhões de anos de história geológica, o visitante deixa cair, no profundo desfiladeiro, uma pétala de rosa. Guardem esta imagem. Será, por enquanto, a tarefa de vocês. Da minha parte, prometo retomar, no final do texto, a idéia dessa pétala, balançando ao vento, caindo entre as rochas.

Psicanálise e literatura. O assunto, tão vasto, intimida o palestrante. Urgente fazer escolhas, e decidi iniciar minha participação recontando uma história que, talvez, muitos de vocês conheçam.

2. Certa vez, na cidade de Frankfurt

Era uma vez, na cidade de Frankfurt, na Alemanha, no ano muito distante de 1752, um menino de três anos e alguns meses. Há poucos dias, perto de sua residência, havia se realizado uma feira de louças e seus pais, para a alegria do menino e de sua irmã,

---
*Membro efetivo, analista didata da Sociedade Psicanalítica de Porto Alegre.

haviam não apenas aparelhado a cozinha da casa onde moravam, como também compraram miniaturas de utensílios da mesma espécie, para que as crianças brincassem. Uma bela tarde, quando tudo parecia tranqüilo, o menino enfastiou-se de brincar com pratos e panelinhas. Ato contínuo, arremessou um pratinho pela janela da casa e ficou a observá-lo enquanto se despedaçava na rua. Uns garotos da vizinhança, que testemunharam seu gesto inesperado, vendo o quanto o menino se alegrara com o feito, encorajaram-no: faz outra vez! O menino, animado pelos aplausos, não hesitou em lançar mais uma miniatura para o calçamento de pedra e, depois, como os amigos continuassem a gritar "Outro!", um após outro, lançou à rua todos os seus pratinhos, caçarolas e panelas. Os vizinhos continuaram a manifestar sua aprovação e o menino estava encantado por poder diverti-los. Como seu estoque de miniaturas havia terminado, correu para a cozinha e apanhou os pratos da mãe, que abrilhantaram o espetáculo, ao partirem-se em pedaços. E assim ficou o menino, indo e vindo, trazendo um prato após o outro, na medida em que conseguia alcançá-los no guarda-louças, arremessando ao mesmo destino toda peça em que conseguia pôr a mão. Só mais tarde chegou alguém que pôs fim à brincadeira. Mas o mal estava feito, e juntar tanta louça quebrada foi uma história com que os vizinhos se deleitaram até o fim da vida (Freud, 1917).

Muitos anos depois, este menino, que se chamava Johann Wolfgang von Goethe, tornou-se um escritor muito importante e, perto de completar sessenta anos, começou a escrever sua autobiografia, à qual deu o título de "Poesia e Verdade". Nesse livro, o antigo menino, agora um senhor respeitável e famoso em toda a Europa, contou em detalhes o episódio de sua infância que acabei de reproduzir.

3. O COMENTÁRIO DE FREUD SOBRE O EPISÓDIO

Passou-se mais de um século e um outro senhor, chamado Sigmund Freud, também famoso em toda a Europa, escreveu um trabalho psicanalítico a respeito deste episódio da vida de Goethe, escritor a quem tanto admirava. Em seu texto, Freud (1917) utiliza o relato do poeta para ilustrar um tema de grande importância na Psicanálise: o das recordações encobridoras, onde sustenta que lembranças da infância, aparentemente inocentes como essa de Goethe, surgem no lugar de experiências significativas que são mantidas no inconsciente. Freud chega à conclusão, em suas conjecturas, que o gesto de arremessar as louças estava relacionado ao nascimento de um irmão de Goethe, ocorrido poucos meses antes do quebra-quebra. Em sua opinião, o lançamento de louças pela janela foi um ato mágico, pelo qual o menino Goethe expressou seu desejo de livrar-se do intruso. Freud argumenta que uma criança que quebra louças sabe que está fazendo algo pelo qual os adultos se zangarão, e, se isso não lhe serve de limite, é porque está querendo demonstrar sua rebeldia contra o ambiente que o cerca. Lançar louças à rua tinha um significado oculto: era o correlato simbólico do pensamento de que o novo bebê deveria ser jogado fora.

4. A ADMIRAÇÃO DE FREUD PELOS ESCRITORES E POETAS

Essa não foi a única tentativa de Freud de compreender alguns aspectos psicológicos de artistas que admirava: Goethe, Dostoievsky, Leonardo, para citar os principais. Mas sempre reconheceu que seus esforços analíticos eram mais homenagens aos grandes homens do que propriamente "Psicanálise", no sentido estrito da palavra. De toda a maneira, sua abordagem nesse trabalho, complementa a idéia exposta em "Poesia e Verdade": se, por um lado, a contribuição de Goethe foi o reconhecimento de que o sujeito só pode ser entendido em seu contexto histórico, Freud vai lembrar o quanto a obra de um escritor, além de estar inserida nesse mesmo contexto, também é fruto de uma vida psíquica, com seus sucessos e fracassos, felicidades e desgraças. Quem, por exemplo, ao saber desse episódio, não sorrirá vendo no gesto carregado de *tempestade e ímpeto* do pequeno Goethe o precursor do adulto, que se tornará um dos expoentes do movimento romântico na literatura alemã? O próprio Goethe, referindo-se ao romance *As afinidades eletivas*, confessou, certa vez:

> *Ainda no mais recôndito de meu livro encontrarás alusões a situações vividas* e o romance *... não contém uma só linha que eu não tivesse vivido, e há mais nisso do que se pudesse acreditar depois de uma simples leitura* (Goethe, citado por Bruck, 1951, p.11).

Mas nessas tentativas de compreensão de episódios biográficos, Freud jamais deixou de salientar um ponto: a admiração que sentia pelos artistas criativos, por seus profundos e intuitivos *insights* a respeito do funcionamento psíquico. É conhecida a carta que escreveu a Arthur Schnitzler na qual se refere à coincidência entre suas idéias e aquelas que o escritor colocava na boca de seus personagens:

> *...sempre que me deixo absorver... por suas... criações, parece-me encontrar, antecipadas, sob sua superfície poética, as mesmas hipóteses, interesses e conclusões que reconheço como próprios. ... Assim, compreendi que sua capacidade intuitiva, ou uma auto-observação detalhada, permitiu-lhe chegar àquilo que eu descobri somente mediante o laborioso exame de outras pessoas* (Freud, 1873-1939, p. 384).

5. O APREÇO DE FREUD PELA LITERATURA

E esta declaração do valor da Literatura como propiciadora de um íntimo conhecimento da natureza humana, Freud repetiu várias vezes ao longo da vida. Ao completar 70 anos, comentou:

> *Os poetas e os filósofos descobriram antes de mim o inconsciente; o que eu descobri foi o método científico pelo qual o inconsciente pode ser estudado* (Freud, 1926, citado por Outeiral, 2002, p. 170).

Penso ser esta a razão pela qual, em praticamente todos os seus escritos, Freud se apoia em citações literárias que, além de dar ao seu texto um colorido estético, serviam para confirmar que o observado na clínica nada mais era do que manifestação de algo inerente à natureza humana e já observado por artistas sensíveis. Para dar um exemplo: nos *Três ensaios sobre a teoria da sexualidade*, continuando a implacável derrubada das paredes que separavam o normal do patológico e evidenciando como existe um contínuum entre as mais diversas manifestações da sexualidade humana, Freud comenta ao falar sobre o fetichismo:

> *Certo grau de fetichismo... está... presente no amor normal, especialmente naqueles seus estágios em que o objetivo sexual... parece inatingível ou sua consumação é impedida* (Freud, 1905, p.155).

Até aqui, clínica. Mas, nesse momento, Freud abre dois pontos e insere um saboroso verso de Goethe, onde Fausto, apaixonado, pede a Mefistófeles que lhe arranje algum pertence da mulher amada:

> *[Alguma coisa dá-me do tesouro desse anjo!] ...Consiga-me um lenço tirado do seio dela. Uma liga que tenha estreitado seu joelho!* (Freud, 1905, p. 155 / Goethe, 1790, p. 123).

Estou citando apenas um exemplo. Como disse antes, é raro o trabalho de Freud que não inclua citações de contos, poesias, romances ou novelas. Para dar uma idéia da freqüência com que Freud utilizou diretamente a literatura em seus textos, basta lembrar os dados expostos por alguns estudiosos que se deram ao trabalho de enumerar as citações: excluída a correspondência, Goethe é o escritor mais citado (noventa e seis citações). Seguem-se a Bíblia (citada oitenta e seis vezes), Shakespeare (setenta e seis citações), Shiller (quarenta e sete) e Heine (citado trinta e cinco vezes).

6. A LITERATURA NA VIDA DE FREUD

E de onde vem esse interesse e tal facilidade de trânsito de Freud pela literatura? Esta questão é relativamente fácil de responder a partir de um rápido exame de sua trajetória estudantil. Aos 9 anos, foi matriculado no Gymnasium em Viena, passando a respirar a atmosfera humanista da instituição: além das matérias comuns a outras escolas, ali eram reservados seis anos para o estudo do grego e oito anos para o latim. Também era dada muita importância ao estudo da história antiga, literatura clássica e contemporânea. Esse ambiente deitou sementes em solo fértil e o interesse de Freud pela cultura desenvolveu-se de modo extraordinário. É muito conhecida a história, mas não custa relembrá-la, de que, aos 14 anos, Freud tinha um colega romeno chamado Silberstein, também um entusiasta da literatura. Bem, ambos, por iniciativa própria, estudaram espanhol para poder ler Cervantes no original. O entusiasmo foi tanto que fundaram uma sociedade, a Academia Castelhana, composta apenas pelos dois e dedicada ao estudo do Dom Quixote. Quando, um ano depois, Silberstein teve de mudar-se de Viena, continuaram a corresponder-se e trocaram cerca de setenta cartas, sendo trinta inteiramente em espanhol. Nessas cartas assinavam-se Cipión (Freud) e Berganza (Silberstein), os personagens do famoso "Diálogo de cães", de Cervantes.

Para termos uma idéia da precoce cultura de Freud, vejamos o seguinte trecho de uma carta que, aos 17 anos, escreveu a um amigo, referindo-se às provas finais:

> *Em latim, nos deram uma passagem de Virgílio que eu, há algum tempo, tinha lido por casualidade, seguindo minha própria iniciativa (...) No exercício de grego, ... uma passagem de 33 versos extraída do Oedipus Rex, me saí melhor e obtive o único "notável". Também já havia lido anteriormente por minha conta...* (Freud, 1873-1939, p. 9/10).

Um dado interessante é que, na mesma carta, ao comentar um elogio que recebeu do professor de alemão, Freud ironiza:

> *... até hoje seguramente não sabias que te correspondias com um estilista do alemão. Agora é chegado o momento de recomendar-te altruisticamente, e sem ambições de lucro, que conserves minhas cartas, que as encadernes, que as cuides, pois nunca se sabe o que pode acontecer* (Freud, 1873-1939, p. 10).

É fácil avaliar o quanto essa carta foi premonitória, se pensarmos na utilização que Freud faria da trama edípica, lida em grego na adolescência, como modelo paradigmático do funcionamento psíquico e no fato de que, cinqüenta e sete anos depois, receberia o prêmio Goethe, pelo conjunto de sua obra.

7. O DISCURSO NA CASA DE GOETHE

O Prêmio Goethe foi criado em 1927, na cidade de Frankfurt, e deveria ser entregue, anualmente, a *uma personalidade de realizações já firmadas cuja obra criadora fosse digna de uma honra dedicada à memória* do genial escritor alemão. O prêmio de 1930 foi conferido a Sigmund Freud.

A carta que lhe foi enviada comunicando a distinção continha um convite para a cerimônia de entrega do prêmio, na casa onde o poeta nascera. Na mesma correspondência foi solicitado a Freud um pequeno discurso que ilustrasse sua relação interna, como homem e cientista, com Goethe. Nessa época, Freud contava com 74 anos. O câncer, que veio a matá-lo nove anos depois, já começara a fazer estragos e o velho médico, psiquiatra e psicanalista, estava muito fraco para realizar a viagem de Viena para Frankfurt. Porém, Freud não deixou de responder à honraria: escreveu um sensível discurso e comunicou aos organizadores da cerimônia que pediria à sua filha Anna que o lesse na ocasião, o que, efetivamente, aconteceu. Em comoventes palavras, lidas há setenta e dois anos na casa de Goethe, Sigmund Freud iniciava dizendo:

> *O trabalho de minha vida se dirigiu a um só objetivo. Observei os mais sutis distúrbios da função mental em pessoas saudáveis e enfermas e procurei inferir ... como o aparelho que serve a essas funções é construído e quais as forças ... que nele se acham em ação. O que... conseguimos aprender ... pareceu-nos de importância para a construção de uma ciência mental que tornou possível ... [a compreensão] tanto [d]os processos mentais normais quanto [d]os patológicos como partes do mesmo curso natural de eventos. Fui motivado a tão estreitas considerações pela surpreendente honra que me conferistes. Ao evocar a figura da grande personalidade universal que nasceu nesta casa e passou sua infância nestas salas, vossa distinção incita... à justificação perante ele, e suscita a questão de saber como ele [Goethe] teria reagido se seu olhar, atento a toda inovação na ciência, houvesse recaído na psicanálise. (...) Penso que Goethe não teria rejeitado*

> a psicanálise num espírito inamistoso, como tantos de nossos contemporâneos fizeram. Ele próprio dela se aproximou numa série de pontos... (Freud, 1930, p. 241/242).

A partir desse trecho de seu discurso, Freud destaca várias passagens, na obra de Goethe, onde o mestre alemão antecipa achados que a Psicanálise iria desenvolver a partir do árduo trabalho clínico. Lembra, por exemplo, a maneira como Goethe se referia aos sonhos:

> *Aquilo que, desconhecido ou despercebido dos homens, vagueia na noite através do labirinto do coração* (trecho de um poema de Goethe, citado em Freud, 1930, p. 243).

Freud, mais adiante, cita uma divertida façanha psicoterápica realizada por Goethe e que foi relatada pelo mesmo em uma carta que enviou à senhora von Stein, sua amiga e amada, em setembro de 1785:

> *Ontem à noite realizei uma façanha psicológica. Frau Herder ainda se achava num estado de tensão do tipo hipocondríaco, por causa de coisas desagradáveis que lhe haviam acontecido. ... Fiz com que ela me dissesse e me confessasse tudo, as más ações de outras pessoas e suas próprias faltas com as mais minuciosas circunstâncias e conseqüências. Ao final, absolvi-a e tornei-lhe claro, gracejando, que aquelas coisas agora tinham passado e sido arrojadas às profundezas do mar. Ela própria achou graça em tudo e está realmente curada* (Goethe, 1785, citado por Freud, 1930, p. 243/244).

Pergunto: se não soubéssemos que este relato de um rápido "tratamento" havia sido feito por Goethe, não poderíamos imaginar que era trecho de alguma vinheta clínica de Sigmund Freud? Apesar de ter sido escrito setenta anos antes do nascimento do criador da Psicanálise e mais de um século antes do nascimento da própria psicanálise, esse relato descreve, de maneira irônica, um episódio psicoterápico que mistura dois procedimentos: **cura pela fala** (*Fiz com que ela me dissesse e me confessasse tudo*) e **cura por sugestão** (*absolvi-a e tornei-lhe claro... que aquelas coisas... tinham passado*). Além disso, o que é mais significativo, esboça-se aqui a compreensão rudimentar de um sintoma neurótico em sua relação com a história e os conflitos psíquicos do sujeito, vértice que Freud desenvolveria de modo tão primoroso.

Bem, penso que não são necessários mais exemplos para compreendermos o significado de estarmos encerrando a primeira fase deste ciclo de palestras a respeito das relações entre a psicanálise e os diversos ramos da cultura, com uma atividade sobre Psicanálise e Literatura, **neste** prédio que, em Porto Alegre, **é** a casa de Goethe. De modo simbólico é como se, nessas releituras de Freud na casa de Goethe, essas duas figuras magníficas se encontrassem, travassem um diálogo e nos inspirassem nas artes e ciências que ambos tão bem desempenharam.

8. DON MARQUIS

Volto agora, como prometi, à proposta feita no início do texto e à pétala de rosa que precipitava-se no Gran Canyon. A idéia surgiu a partir de uma frase do poeta Don Marquis (1878-1937):

> *Escrever um livro de poesia é como deixar cair uma pétala de rosa no Grand Canyon e ficar esperando o eco* (Manguel, 1998, p. 243).

Penso que essa metáfora evoca algo da essência poética de nossas reuniões. Falamos e ouvimos a respeito de sexualidade, cultura, filosofia, história, estética, mitos, ciência, comunicação e – hoje – literatura. Encerrado o debate, retornaremos ao mundo que se encontra à volta do Instituto Goethe (Vinte e quatro de Outubro, Independência, Ramiro Barcellos, Mostardeiro) e iremos para nossa casa. Pensaremos no que foi dito? Que eco será ouvido, em nossa alma, a partir das palavras que revestiram nossos sentimentos, idéias e perguntas?

Falei em palavras revestindo sentimentos e idéias. E o que os escritores e os psicanalistas têm feito a não ser nos emprestar palavras? É nessa dicção poética, característica da vida onírica onipresente em nosso psiquismo, que reside a essência do íntimo parentesco entre a Psicanálise e a Literatura. Ambas buscam dar expressão verbal aos sentimentos que nos impactam em nosso dia-a-dia. Como diz o escritor e ensaísta Alberto Manguel:

> *... os livros que lemos nos ajudam a nomear uma pedra ou uma árvore, um momento de felicidade ou desespero, o respirar de um ser amado ou o trinado de um pássaro, lançando um resplendor sobre o objeto, um reconhecimento que lembra à alma adormecida, que somos pó enamorado* (Manguel, 1998, p. 27).

E é tarefa da literatura, segundo Manguel, oferecer ao leitor – em meio às incertezas da vida, do medo, das ameaças de perda e de dor – a segurança de que

> *... existem, aqui e ali, uns poucos lugares seguros, reais como o papel e vigorosos como a tinta, que nos concedem abrigo durante nossa caminhada pelo obscuro bosque sem nomes* (Manguel, 1998, p. 32).

E eu acrescento que semelhante é a tarefa da Psicanálise: conceder abrigo durante nossa caminhada pelo obscuro bosque sem nomes. Creio que Freud, com a Psicanálise, e Goethe, com a Literatura, nos ensinaram, com transbordamentos de desejo e paixão poéticas pela atividade que exerceram, esse amor pela palavra. Só nos resta homenageá-los e agradecer a eles pelas várias pétalas de rosa que deixaram cair no vasto Grand Canyon do espaço e do tempo que nos cerca.

Ouviram o eco?

9. REFERÊNCIAS BIBLIOGRÁFICAS

BRUCK, E. P. (1951) Prólogo. In: GOETHE, J. W. (1809) *As afinidades eletivas*. Editorial Fama, Barcelona.

FREUD, S. (1873-1939) *Epistolario*. Biblioteca Nueva, Madrid, 1963.

──────── .(1905) *Três ensaios sobre a teoria da sexualidade*. Edição Standard Brasileira das Obras Psicológicas Completas de Sigmund Freud (7). Imago Editora Ltda., Rio de Janeiro, 1ª edição, 1972.

──────── .(1917) *Uma recordação de infância de 'Dichtung und Wahrheit'*. Edição Standard Brasileira das Obras Psicológicas Completas de Sigmund Freud (17). Imago Editora Ltda., Rio de Janeiro, 1ª edição, 1974.

──────── .(1930) *Discurso pronunciado na casa de Goethe, em Frankfurt*. Edição Standard Brasileira das Obras Psicológicas Completas de Sigmund Freud (21). Imago Editora Ltda., Rio de Janeiro, 1ª edição, 1974.

GOETHE, J. W. (1790) Fausto. *Acta Universitatis Conimbrigensis*, Coimbra, 1958.

MANGUEL, A. (1998) *En el bosque del espejo. Ensayos sobre las palabras y el mundo*. Alianza Editorial, Madrid, 2001.

OUTEIRAL, J. O. (2002) Comentários sobre os interesses literários do jovem Freud. In: MASINA, L.; CARDONI, V. (organizadoras) *Literatura comparada e psicanálise: interdisciplinaridade, interdiscursividade*. Editora Sagra Luzzato, Porto Alegre, 2002.

Parte II

Ciclo de cinema e debates Alfred Hitchcock

(Este ciclo ocorreu no Santander Cultural — Porto Alegre, de 10/08 a 2/11/2002, sob a coordenação da Dr^a. Jussara S. Dal Zot.)

VERTIGO -- UM CORPO QUE CAI

*Beto Souza**

É interessante falar um pouco sobre o autor deste filme, sobre o diretor Alfred Hitchcock, antes de falar sobre *Vertigo*, sobre o filme propriamente dito. Hitchcock era um narrador genial, absolutamente original, que trouxe para o cinema e a dramaturgia uma nova maneira de contar histórias.

Esta apreciação que temos sobre a sua obra hoje; entretanto, e que foi definitivamente incorporada pela crítica mundial a partir dos anos 60, não corresponde à análise dos seus filmes até aquele momento. Hitchcock não era exatamente um diretor de filmes B; fazia filmes caros, com grandes atores. A questão é que a crítica, principalmente a de Nova York, achava suas histórias simplistas, com enredos inverossímeis e fantásticos, que agradava um público não muito exigente.

Na realidade, esta visão sobre a sua obra era superficial. Analisava apenas as histórias em si, não percebia a profundidade e a originalidade da sua narrativa. Os primeiros críticos que perceberam a genialidade de Hitchcock e começaram a reverter esta impressão foram os críticos franceses ligados aos *Cahiers du Cinema*, principalmente Francoise Truffaut e Claude Chabrol. Truffaut era um fã de Hitchcock e alguns dos seus filmes têm muita influência da sua obra. Portanto, foi a crítica francesa que colocou o "Mestre do Suspense", como hoje é conhecido Hitchcock, no seu devido lugar dentro da história do cinema. E este filme que nós vimos, *Vertigo*, é, na minha opinião, uma síntese desta obra, que tem no suspense a sua grande marca.

**Cineasta e Jornalista pela Universidade Federal do Rio Grande do Sul.*

O filme *Vertigo* é baseado num livro. Uma novela escrita por dois escritores franceses, e, nesta história, o leitor descobria que as duas personagens eram a mesma pessoa apenas no final da história. Assim como todas as outras histórias policiais, o desfecho da trama era uma surpresa. O autor tentava prender o leitor por meio da não-informação, ou seja, ele era levado a descobrir, assim como o personagem Scotch, a verdade apenas no final da história. O que Hitchcock fez neste e em inúmeros outros filmes, foi omitir a informação apenas do personagem, no caso Scotch; deixando, portanto, o espectador mais informado que o protagonista da história. No livro havia a surpresa do leitor e do personagem. No filme de Hitchcock, existe o suspense.

Esta nova relação entre o espectador e o personagem, colocada por Hitchcock, é sintetizada de uma maneira muito clara naquela famosa cena do chuveiro de outro clássico de sua autoria, *Psicose*. Nesta cena o espectador tem a informação de que o assassino está subindo a escada da casa para matar a mulher que está tomando banho de chuveiro. Ao contrário, a mulher não sabe o perigo que está correndo, criando uma tensão entre ela, a personagem, que não sabe e o espectador que sabe. Tentamos ajudar a personagem na medida em que sabemos mais do que ela, e, principalmente, queremos informá-la sobre o que vai acontecer com ela.

Em *Vertigo* isto ocorre durante praticamente toda a segunda parte do filme. Nossa aproximação com Scotch decorre do fato de que sabemos que as duas mulheres são a mesma —isto fica evidente quando ela se recorda da situação da sua aparente morte e escreve a carta — e ele não. Aparentemente isto parece ser um detalhe, mas é o ponto exato em questão da obra de Hitchcock. Este fato o coloca não apenas como um diretor de cinema que define planos, estabelece o ritmo das cenas ou orienta os atores, mas, sim, como um contador de histórias original, que trouxe para a dramaturgia mundial um novo elemento narrativo.

Eu vi este filme hoje pela terceira vez. Na primeira eu tinha uns 20 anos. Vi num ciclo de Hitchcock na Universidade e naquela vez o filme me tocou como um filme clássico de suspense. É claro que eu não racionalizei como fiz agora, mas de qualquer maneira tinha visto como um filme de suspense. E gostei muito. Quando eu revi o filme hoje ele me emocionou de uma outra maneira. Eu vi o filme mais sob uma ótica do amor. É uma história onde o protagonista tenta superar um trauma por meio de uma busca obsessiva e acaba na verdade encontrando uma paixão, um amor. A sua busca, que lhe foi incumbida por um motivo profissional, acaba se transformando numa busca de alguma coisa perdida, que ele faz de uma maneira obsessiva, apaixonada.

Acredito que ao adaptar o livro para o cinema Hitchcock não transformou apenas a surpresa em suspense, ele falou profundamente sobre o amor.

VERTIGO – UM CORPO QUE CAI

*Flávio Rotta Corrêa**

Primeiramente, quero saudar vocês, dizer que eu estou muito satisfeito, aqui, participando desta reunião e, especialmente ter oportunidade, novamente, de estar em algo junto com mais um dos jovens diretores de cinema do Rio Grande do Sul. Algumas semanas atrás, participei de um outro debate com Jorge Furtado. Ele e Beto Souza são dois diretores que estão levando o nosso cinema para o Brasil e já, até, para fora do Brasil, também.

Vou aproveitar o que Beto falou sobre o aspecto que o Hitchcock utiliza que num determinado momento ele expõe para o espectador o que realmente está acontecendo. E eu quero vincular isto, para começar, a uma idéia que é de um analista inglês, Meltzer, sobre o segredo e o mistério. Este analista diz o seguinte: o segredo é algo que está escondido e tem que ser descoberto enquanto que o mistério, e ele desenvolve a idéia de mistério no que ele fala de conflito estético, que no caso deste filme acho que nos aparece muito claramente porque o conflito estético é algo que se estabelece entre algo externo, por exemplo, a beleza da personagem Madeleine e algo interno que é desconhecido, completamente desconhecido, então, por exemplo, Madeleine é um mistério. Ela é um mistério até o momento da carta da Jude, naquele momento ela deixa de ser o mistério e passa a ser um segredo, que é do nosso conhecimento, mas não é do conhecimento do personagem que é, como Beto disse, a grande descoberta do Hitchcock, que cria um suspense, cria uma tensão entre o filme e o espectador.

Classicamente, a Psicanálise, durante alguns anos, desde a sua descoberta, se comportava como detetive em busca de se-

---
**Membro efetivo, analista didata da Sociedade Psicanalítica de Porto Alegre.*

gredo, até que num determinado momento, e por influência inclusive de analistas tipo Meltzer, Bion e outros, a Psicanálise passou a ter uma outra configuração porque os analistas perceberam, que muito mais que segredos, são mistérios que as pessoas nos trazem. Não são segredos que nós temos que ir atrás descobrir, como classicamente durante muitos e muitos anos foi. Mas por quê? Porque cada pessoa tem o seu exterior que é o que aparece e tem o seu interior que é absolutamente desconhecido e possivelmente incognocível. Nós vamos conhecer só uma parte disto. Bom, este filme, eu acho, que dá a idéia disto, há o conflito estético inicial, a beleza, a sedução, a atração que a personagem exerce sobre o Scottie e sobre nós, e, no momento que nós descobrimos o que ela fez acontece uma reversão, é como se ela perdesse, inclusive, toda aquela força que ela tinha sobre nós e nós passamos a não mais amá-la, mas a odiá-la e ter pena daquele homem que foi completamente envolvido por ela e por aquela trama. Para começar ficamos assim.

Depois nós vamos para um segundo momento que vamos falar sobre a vertigem. O que é a vertigem? Quem desenvolveu, também, estas idéias sobre vertigem é uma outra analista que se chama Danièle Quinodoz, que está atualmente na Suíça. Ela dizia o seguinte: *que tem duas formas de vertigem; a vertigem somática e a vertigem emocional.* A vertigem somática é quando nós, por exemplo, estamos na beira de um abismo e os nossos pés estão na terra firme; então, nós temos a percepção, a sensação somática de terra firme. Mas aí nós olhamos e o nosso olhar nos transmite uma idéia completamente oposta que é o vazio. Estas duas informações somáticas produzem a sensação de vertigem que todos temos em maior ou menor grau. Existe uma outra forma, e o filme também é interessante a propósito disto, é quando nós recebemos informações, não somáticas, mas percepções, contraditórias, por exemplo, a personagem Madeleine é verdade ou é mentira. É real a história de Carlota? Então ela transmite para ele, Scottie, algo completamente contraditório e para nós a mesma coisa. Diz esta autora, a propósito do filme, que ele fica todo o tempo tendo vertigem porque todo o tempo do filme ele está tendo as informações contraditórias, até o momento quando ele olha o colar e descobre a trama, naquele momento deixa de haver a contradição, as duas coisas se completam ele tem a visão *agora é uma realidade, ela foi impostora,* e aí a vertigem dele está curada. Quinodoz diz então que a personagem Madeleine é que passa a ter vertigem, que leva à queda final dela.

Scottie tem uma vertigem somática que depois se complementa com o problema emocional; quando fica envolvido com Madeleine, se somam os dois aspectos. Outro aspecto interessante é o seguinte: Scottie inicialmente, recusa o trabalho, inclusive ele diz: *não é um trabalho para mim é um trabalho para médico psiquiatra, psicólogo.* Diz um dos autores que eu li, que ele chega a começar a palavra psicanalista *Psychoana... e diz family doctor*; a palavra psicanalista ele não terminaria naquela cena. Mas ele recusa com uma intuição de que era uma proposta que não devia aceitar. Ele abandona essa percepção inicial e aceita o trabalho. Cada um de nós terá uma interpretação desse fato. Entre o filme e o espectador se estabelece um espaço que depois cada um de nós preenche com as suas fantasias, porque é isto que os bons filmes nos provocam. Quero dizer que esta é a minha interpretação e a minha fantasia a respeito do filme e desse fato. Como se naquele momento que ele recusa, ele soubesse que não era um trabalho para ele era um trabalho mais complicado, não era uma coisa para um detetive, aliás, como ele disse. Mas ele aceita porque ele precisava de algo frente a fragilidade que ele estava depois do acidente, depois do traumatismo que ele teve, e o traumatismo que foi um traumatismo fisiológico, somático e mais um traumatismo emocional, pois ele se aposentou e ele era uma pessoa de sucesso, reconhecida, como diz Midger: *você era um advogado de sucesso que quis ser chefe de polícia.* Ele teve de largar tudo isto. Vê, então, ali algo em que ele pode recuperar sua credibilidade, vamos assim dizer. E ele entra num misto de detetive, psicólogo, médico, que o leva realmente a se confundir, até o momento que ele recupera sua identidade de detetive.

O problema do amor é complicado. O amor é complicado. Talvez seja uma das coisas mais difíceis. Vocês vejam que há séculos filósofos, escritores vêm tentando explicar e falar sobre o amor e na realidade, cada um de nós possivelmente, tem uma idéia sobre o amor, e possivelmente não existe algo que se possa dizer *o amor é isto*. Vamos pegar o filme. Ele amava Madeleine. Que amor foi este que foi se desenvolvendo? Porque que havia amor! Nós podemos talvez fazer também, inicialmente, uma primeira diferenciação entre amor e paixão. Popularmente é dito assim *o amor é cego,* e eu penso que o amor não é cego, mas a paixão é cega. Então, a paixão talvez seja um amor que ultrapassa um determinado limite e que começa a produzir efeitos não amorosos. A pessoa apaixonada se cega, tem a sua capacidade perceptiva, a sua capacidade de pensar prejudicada. Podemos pensar que o nosso personagem passou por algo assim conforme ele foi se apaixonando. Bem, por que ele se apaixonou? Nós somos aqui umas cinqüenta pessoas, teremos cinqüenta interpretações diferentes. Este filme do Hitchcock é um filme que deu margem a vários trabalhos. A literatura analítica e não analítica é exatamente rica a respeito deste filme, então, um aspecto que está presente em vários trabalhos é este; o amor se desenvolve nos personagens e uma das interpretações é aquela que eu disse; ante a fragilidade que ele estava aquela mulher se apresentou para ele, inicialmente, como uma mulher frágil, ele colocaria nela a sua fragilidade e buscaria por meio da cura dela vencer a sua fraqueza e, a partir daí, é que se desenvolveria este amor que aconteceu dele em relação a ela. O dela em relação a ele é mais complicado ainda, na verdade toda aquela parte inicial foi uma encenação. Ela depois diz que estava apaixonada também, mas será que era verdade? Será que não era? Podemos considerar como "contratransferencial" o amor de Scottie estimulado pela fantasia de cura e de resolução do mistério Madeleine.

JANELA INDISCRETA

Sérgio Silva*

Bem, em primeiro lugar, eu quero agradecer ao convite que me foi feito para participar deste ciclo de debates. Aliás, esta é minha segunda participação em um encontro com psicanalistas e de novo com um filme de Hitchcock; da outra vez foi *The ring* (1927).

Por incrível que pareça, eu confesso que Hitchcock não está entre os cineastas da minha preferência, nem mesmo entre os poucos americanos (ainda que seja inglês) que me agradam profundamente. Mas, examinando a vastíssima filmografia desse cineasta, dou-me conta de que já devo ter assistido a 80 ou 85% de seus filmes, senão na época do lançamento dos filmes nos cinemas Vera Cruz, Rex ou Gioconda, na Tristeza, em diversas retrospectivas de Hitchcock.

Vocês, então, poderiam me perguntar: porque um cineasta que não tem Hitchcock entre os seus preferidos, não deixa de assistir aos filmes de Hitchcock? Bem, antes de tudo porque ele é um narrador excepcional. Seria quase uma banalidade dizer isso, mas antes de ser chamado de "o Mestre do Suspense", eu diria que ele é o **mestre da câmera**. Ele **escreve** o filme com uma qualidade de olhar que me fascina e comove. Às vezes, as histórias de Hitchcock não me interessam, talvez porque eu não goste muito de filmes de suspense, de detetives, aquelas preferências que cada um de nós tem; porém, eu não desgrudo o olho das obras desse diretor.

**Cineasta e Professor do Departamento de Arte Dramática da Universidade Federal do Rio Grande do Sul.*

Hoje, graças ao equívoco de nosso projecionista, tivemos uma repetição dos créditos de abertura às primeiras imagens do filme e que são, pode-se dizer, uma obra-prima do domínio da construção da linguagem cinematográfica. E por isso eu tomarei estas imagens do início de *Janela indiscreta* como exemplo da grandeza narrativa de Hitchcock, a primeira imagem que se tem são as persianas das janelas subindo uma a uma, como se fossem a cortina de um palco de teatro. Sobe a primeira, a segunda e a terceira, enquanto nós lemos os créditos iniciais; depois a câmera de Hitchcock começa a avançar num *travelling* até as janelas e nos descortina realmente, sem aquela "bruma" que fazia cada persiana, o pátio interno, ou os fundos dos apartamentos, e nós começamos a descobrir personagens anônimos em suas atividades triviais. Vamos desde o rapaz do piano, passamos pela senhora escultora do andar térreo, pela jovem bailarina, pelo Thorwald e outros pelo passeio **panorâmico** da câmera. Aí, sem ver o **corte**, a câmera recua até nós descobrirmos o personagem Jeff dormindo, suando, de costas para o cenário visto. O que significa isto? Que aquela **olhar** da câmera não é o de Jeff, mas do próprio diretor. Jeff dorme: o termômetro marco 90° F. Hitchcock leva nosso olhar a perna e ao quadril engessados e, num único movimento, sem **cortes,** à maquina fotográfica profissional destruída, seguindo para a foto de um carro de corridas acidentado e outro carro num acidente de rua; daí, a foto de uma explosão, para terminar na foto em negativo de uma modelo que é, agora em positivo, a capa colorida de uma revista. Imagens sem falas ou narrações orais: apenas **imagens** visuais.

E para que Hitchcock precisaria falar alguma coisa? A imagem cinematográfica nos contou integralmente qual a profissão deste indivíduo, porque ele está ali com a perna e o quadril engessados, onde ele mora, quem são seus vizinhos. Senhores, cinema é isto, e a maestria de Hitchcock de que eu falava no início é essa: um mestre da câmera, um mestre da narração cinematrográfica. Sim, o cinema é um meio audiovisual de comunicação e eu sei da importância do áudio—da importância da **palavra** no diálogo, da música, dos ruídos ambientais—, mas a força visual do cinema ainda qualifica o produto, senão não haveria sentido em sentarmos nesta sala obscurecida, pondo os olhos atentos naquelas imagens projetadas.

Outra coisa que me comove profundamente, e sobretudo esse filme— que havia anos que eu não o via— é o fato de Hitchcock nos prender a atenção, por 105 ou 107 minutos, numa história, cuja ação se restringe basicamente ao quarto do personagem que está imobilizado. A rigor, estamos sempre à volta de Jeff ou somos levados por ele às situações vividas pelos outros personagens-vizinhos, que são vistos a distância não só pela visão **subjetiva** de Jeff, mas também quando essa visão é objetiva do diretor-narrador. A intriga, ou entrecho ou anedótico, é extremamente banal, uma história que não acontece nada demais, pelo menos em termos de ação física. É diverso de *Psicose* ou *Um corpo que cai* ou *O homem que sabia demais*, entre outros do cineasta. O único grande acontecimento na história é a desconfiança de Jeff de que Thorwaldt cometera um crime, e isto logo nos 10 minutos iniciais; aos 20 minutos, o assassino já está confirmado para Jeff. Desde então, o personagem vai angariando simpatizantes para sua causa: a namorada Lisa, a enfermeira Estela... e nós, espectadores, também. Nenhum golpe de narrativa modifica esse acontecimento, algo que nos diga que Jeff está errado ou algo que o valha. Ao final, com sua peculiar ironia parece que Hitchcock nos diz: "viram como o Jeff tinha razão!" É o seguro domínio cinematográfico e o poder da narrativa dramática que nos faz acompanhar com interesse até o final, um final que se apresenta como uma irônica brincadeira de Hitchcock, dentre as tantas feitas nesse e em outros filmes: Jeff com as duas pernas quebradas, o que fez com que muitos espectadores aqui rissem, depois do crime de suspense que marcou a luta e a queda do personagem.

Na realidade, é esse processo narrativo fílmico, a maneira como ele conduz e imbrica a história, seu racionalismo no emprego da linguagem cinematográfica, que nos fascina, pois o enredo em si em outras mãos, certamente, não renderiam mais que um curta metragem. Bem, se o Sérgio Silva não tem Hitchcock entre os seus preferidos — como Visconti, Fellini, os irmãos Taviani, John Ford, David Lean ou Bergman —, então, azar do Sérgio Silva. Hitchcock é um grande cineasta, sem dúvida.

Foi muito importante a realização do ciclo de palestrar e debates sobre o cinema de Hitchcock, pois eu não teria medo de afirmar que Hitchcock está para o cinema, assim como Thomas Mann e Roger Mantin du Gard, por exemplo, estão para a literatura. Foram escritores grandiosos do início do século XX que narraram histórias muito simples, tratando relações familiares. *Buddenbrooks*, de Mann, mostra a ascensão e a decadência desta família alemã ao longo de quatro gerações; um livro de 700 páginas que se lê com encanto e prazer estético. *Les Thibault*, de Du Gard, em 1200 páginas, acompanha os rumos dessa família em uma França decadente valendo-se de uma linguagem clara, fluente, perfeita. É o que temos também na leitura de Erico Verissimo. Por outro caminho, estou dizendo que não é necessário criar filmes complexos, herméticos ao público, para dar-se credibilidade ao cinema, porque isto está nos mostrando o filme *Janela indiscreta*. Hitchcock pôde fazer com uma história simples, banal mesmo, um filme magnífico, no qual nós ficamos envolvidos, presos, até a última imagem.

Pelo programa desse ciclo, já se assistiu a *Psicose* e a *Um corpo que cai*. Em *Psicose*, o diretor está nos jogando mais para o lado do terror, para o insólito daquela situação do filho conservar o cadáver da mãe em casa, travestindo-se de mãe, e nessa narrativa se tem um ritmo mais frenético pelo uso de planos curtos, cortes secos, como na impressionante seqüência do assassinato durante o banho. Já em *Um corpo que cai*, que para mim é um filme de amor fortemente marcado pela música romântica engravidando o significado das imagens, nós temos a delicadeza da câmera que circunda os personagens, uma câmera em movimentos que parecem acarinhar os personagens, até o efeito especial do *Vertigo*, daquela queda no vazio, daquela coisa alucinante que é a vertigem que é a própria idéia da relação de amor entre os personagens. Em *Janela indiscreta*, tem-se um ritmo mais lento, o tempo dos planos é maior, seja nos planos fixos, seja na **panorâmica** e a passagem de tempo é dada pelos *fades* (efeito de escurecimento/clareamento das imagens). Aliás, o tratamento dado ao tempo e ao espaço desse filme também é notável.

Existem passagens de tempo (escurecimento/clareamento) que podem significar cinco ou dez minutos, quando, por exemplo, Lisa entra no banheiro para trocar de roupa (*fade*) e sai com a camisola insinuante e sedutora, ou que podem significar um dia inteiro. Se me perguntassem em quantos dias se passa o enredo desse filme, eu não saberia ao certo responder. É claro que não se passa em um dia, mas em quatro, cinco, uma semana talvez. Hitchcock brinca com o espectador com essa idéia de tempo, porque não é importante marcar o número de dias em que ocorrem os fatos, mas, sim, o quanto de emoção se estabelece na interioridade de Jeff diante daquela janela, diante daquela tipologia humana de comportamentos, particularizando-se o do estranho Thorwald. À medida que o tempo passa, eles vão se tornando cada vez mais importantes para ele, a ponto de Lisa passar a ser secundária no seu cotidiano. Há uma seqüência em que eles estão se acariciando e beijando-se, mas a atenção de Jeff está na janela do apartamento de Thorwald, e ele pergunta: "Ela deve tê-la esquartejado. Senão, por que ele está usando duas facas?". Jeff só estará mais afetivo com a noiva, depois de solucionado o caso, na última seqüência do filme. Por certo, o Dr. Antônio (Antônio C. J. Pires, psicanalista debatedor nesse dia) vai nos explicar o estranho relacionamento amoroso de Jeff e Lisa.

A relação espacial é primorosa, estabelecida entre o apartamento de Jeff e os apartamentos dos outros edifícios com o pátio dos fundos; o espaço físico externa o espaço psicológico do personagem e de seus vizinhos. A cenografia e a direção de arte de um senhor. Chamado Hall Pereira (uma vez Luís Fernando Veríssimo se perguntava se esse diretor de arte de muitos filmes americanos seria algum brasileiro exilado em Hollywood) é admirável, pois nunca nos cansamos de ver as intimidades dos moradores daqueles prédios, não nos cansamos de vasculhar o estúdio do pianista, não nos cansamos de examinar o jardim daquele pátio dos fundos. E nisso somos parceiros de Jeff, comovendo-nos com a recepção que a senhora solitária faz para um imaginário cavalheiro e que, na realidade, quem contracena com ela é o Jeff ao erguer um brinde ao brinde solitário dela. No espaço dele, Jeff se revela atencioso e gentil com a solitária vizinha, mais afetivo com ela do que com a própria Lisa.

Senhores, há tantas coisas magníficas a se comentar em *Janela indiscreta* que certificam a maestria de Alfred Hitchcock, mas vamos deixá-las para o momento do debate. Eu também vou parar de falar na qualidade cinematrográfica de Hitchcock, porque, daqui a pouco, estarei apaixonado por ele e terei de incluí-lo na minha lista de preferências e referências.

JANELA INDISCRETA: ABRINDO UMA JANELA UM TANTO INDISCRETA NA OBRA DE ALFRED HITCHCOCK

Antônio Carlos J. Pires*

Hitchcock é cultuado por cineastas e cinéfilos do mundo inteiro por ter sido um mestre do suspense e pela maneira genial com que filmava, privilegiando sempre a imagem em relação ao diálogo. Segundo François Truffaut, ... *não é necessário escolher uma cena de suspense; o estilo hitchcockianano será reconhecido mesmo em uma cena de conversa entre dois personagens simplesmente pela qualidade dramática do enquadramento, pela maneira realmente única de distribuir os olhares, de simplificar os gestos, de repartir os silêncios ao longo do diálogo, pela arte de criar no público o sentimento de que um dos personagens domina o outro (ou está apaixonado pelo outro, ou tem ciúmes do outro), de sugerir, fora do diálogo, toda uma atmosfera dramática precisa...* (1). Neste sentido, *Janela indiscreta,* rodado em 1954, também pode ser visto como uma aula sobre a difícil arte de mostrar, com simplicidade, economia e clareza, os sentimentos dos personagens de um filme predominantemente por meio de pictogramas. Talvez por ter tido uma formação cinematográfica iniciada na época dos filmes mudos, Hitchcock parecia sentir-se mais à vontade com imagens do que com diálogos explicativos. A exemplo disso, já no início do filme, o diretor nos informa, tão somente a partir de fotogramas, que o personagem vivido por James Stewart havia

---

* *Membro efetivo, analista didata da Sociedade Psicanalítica de Porto Alegre.*

quebrado a perna ao tentar registrar com sua câmera fotográfica uma corrida de carros. Será que algum de nós, espectadores, sentiu falta de algum diálogo explicativo para compreender este fato? Creio que não. Apenas algumas imagens (a perna engessada, a foto do carro de corrida, a câmera fotográfica quebrada) puderam dar conta do recado que o diretor queria nos transmitir.

Mas, antes de falar sobre a maneira como vi *Janela indiscreta*, gostaria de deixar claro que minha leitura deste filme é apenas mais uma dentre as inúmeras leituras psicanalíticas possíveis desta obra. Gostaria também de enfatizar que, deliberadamente, deixei de lado a questão *voyeurista* explicitada nesta película, por acreditar que este aspecto já foi suficientemente explorado pelos críticos de cinema. Qual seria, então, a proposta não explícita, se assim se pode dizer, de *Janela indiscreta*? Por que e de que maneira este filme nos toca, ora nos deixando intrigados, ora excitados, ora assustados e assim por diante?

Ao tentar responder a essas questões, precisarei, inicialmente, contar-lhes uma breve história que me foi relatada por um amigo, há alguns anos. Certa ocasião, um rapaz encontrou-se com seu irmão e disse a ele:

—*Olha, fulano, eu queria te dizer que estou pensando em noivar com a beltrana.*

Fulano ouviu atentamente o irmão e, como naquele momento não lhe ocorreu nada para falar, ficou em silêncio, apenas olhando o outro com uma expressão serena no rosto. Ato contínuo, o rapaz, um tanto desorientado com o silêncio do irmão, bradou:

—*Pô, fulano, não precisa me olhar assim desse jeito! Noivar não é a mesma coisa que casar!*

O que aquele rapaz parecia não saber, pelo menos até aquele momento, era que a sua intenção de noivar não estava totalmente desprovida de ambivalência. Por alguma razão desconhecida, de ordem inconsciente, ao lado do desejo de ficar noivo havia também o receio de tomar tal decisão. Assim, debatendo-se internamente entre o desejo de noivar e o temor em fazê-lo, tentou livrar-se desse conflito lançando mão, sem se aperceber, de um mecanismo de defesa inconsciente. A partir daí, Fulano ficou sendo o representante do temor em relação ao noivado, mesmo que, do ponto de vista da realidade, ele não houvesse dito nada e ainda que a expressão de serenidade do seu rosto não sugerisse qualquer preocupação ante a notícia recebida. Uma vez "livre" da sua preocupação com o noivado, o rapaz ficou, pelo menos durante algum tempo, com a sensação que tinha dentro de si apenas o desejo de noivar. Naquele instante, como que por magia, parecia que seu conflito estava resolvido. Penso que é justamente deste tipo de magia da qual *Janela indiscreta* está repleto.

O mecanismo que acabei de descrever na história do nubente assustado é conhecido entre os psicanalistas como identificação projetiva. Este conceito, que representou um enorme passo dado na direção de um melhor entendimento da mente humana, foi cunhado por Melanie Klein. A identificação projetiva é um meio bastante primitivo de comunicação não verbal de caráter inconsciente e que também funciona como um instrumento muito poderoso e efetivo para livrar o indivíduo do contato com situações conflitivas da sua mente. Assim, por meio da identificação projetiva, podemos acionar na mente do nosso interlocutor um estado mental que corresponde a aspectos do nosso mundo interno com os quais temos dificuldades de lidar e dos quais queremos nos livrar, porque nos geram sofrimento psíquico. Peço que retenham este conceito na memória, por um momento, porque ele nos será útil daqui a pouco.

Sabemos que toda obra artística, a exemplo do que ocorre na elaboração dos sonhos, tem sempre um conteúdo manifesto — vinculado à realidade factual — e um conteúdo latente, de cunho simbólico. Em *Janela indiscreta*, a trama manifesta é a de um fotógrafo, Jefferies, que está imobilizado numa cadeira de rodas e que, aparentemente por não ter o que fazer, começa a espiar seus vizinhos de prédio. Lá pelas tantas, uma moradora do apartamento em frente ao seu desaparece, e ele passa a imaginar que o marido desta mulher a havia matado. Auxiliado pela namorada e por sua enfermeira, passa então a investigar o pretenso assassinato, até que toda a trama se esclareça.

Na tentativa de estabelecer uma hipótese sobre qual seria a trama latente (simbólica) deste filme, proponho que utilizemos a técnica hitchcockiana e levemos em conta, principalmente, as imagens que o próprio Hitchcock nos apresenta. No início da ação, ele nos mostra o fotógrafo Jefferies e o cenário que ele avista a partir da janela do seu apartamento (que no seu formato retangular em muito lembra a pantalha de um cinema), como se Hitchcock estivesse nos dizendo: *agora nós iremos nos colocar na pele de um fotógrafo bisbilhoteiro e dele seremos cúmplices durante o filme que ele irá realizar.* Assim, ao mesmo tempo em que Jefferies, por identificação projetiva, representa o diretor do filme, sentado numa cadeira atrás de uma câmera e criando um enredo a partir da sua imaginação, ele representa também a todos nós espectadores, que ficamos expostos aos acontecimentos que vão brotando em cena. Creio que é a partir daí que o diretor nos captura e passa a despertar em nós os mais diferentes sentimentos. Deixamos de ser meros espectadores e passamos a ser participantes ativos de uma história de suspense: é a magia da identificação projetiva entrando em cena.

Lembram das funções da identificação projetiva? Comunicar alguma coisa a alguém e tentar livrar-se de algo interno indesejável, lembram? O que, então, o diretor busca nos comunicar através do ato de projetar-se no personagem de James Stewart? Do que é que ele parece querer livrar-se ao fazer isso? Talvez Sidney Gottlieb, um estudioso da obra de Hitchcock, possa nos auxiliar neste sentido. Segundo este autor, o relacionamento do famoso diretor com sua mulher, Alma, era algo ... *complexo, conturbado e perturbador* (2). Para ele [Gottlieb], o contexto do relacionamento do casal era regido pelos ... *mais profundos temores e receios* [de parte de Hitchcock], *alguns deles óbvios e familiares (como o medo da polícia e o de ficar sozinho), assim como por outros temores mais sutis e disfarçados, como o de ser analisado e "demolido" pela mulher* (2). Acrescente-se a isso a notória dificuldade do diretor para relacionar-se com as atrizes que dirigia, a ponto de tratá-las, às vezes, com violência e até com uma certa crueldade, como se estivesse ante a um poderoso e implacável inimigo. A partir daí, não é difícil imaginar que Hitchcock, por meio de *Janela indiscreta*, talvez pudesse estar nos contando não só a história manifesta de um fotógrafo bisbilhoteiro, mas estivesse também nos falando, via identificação projetiva, de um temor inconsciente que nutria pela figura feminina. Quem sabe a realização deste filme pudesse servir também para livrá-lo, pelo menos temporariamente, de um temor irracional que ficaria projetado, inicialmente, no personagem Jefferies e, depois, em nós, espectadores?

O filme começa mostrando um homem numa cadeira de rodas, com uma perna engessada. A entrada em cena da sua enfermeira nos revela o conteúdo simbólico desta imagem, quando ela comenta, em tom de brincadeira: *você tem uma deficiência hormonal. As beldades aí em frente não fizeram a sua temperatura subir*. É como se o diretor, por intermédio desta personagem, nos dissesse: *observem, este membro engessado não é apenas uma perna. Ele representa também um estado de engessamento mental, como alguém que está paralisado de medo, medo das mulheres, das beldades que deveriam fazer a temperatura dele subir*. O temor de Jefferies parece ficar ainda mais claro quando, mais adiante, ele afirma para a enfermeira que não está pronto para casar com Lisa Fremont *porque ela é perfeita demais*. Há, então, um corte, e a cena seguinte mostra um casal chegando em casa e se beijando. O fotógrafo vira o rosto para não presenciar a cena, como se estivesse nos dizendo: *isto é o que realmente me assusta, quando me imagino casando. Como vou poder me apro-*

ximar sexualmente de uma mulher, se tenho medo delas? Há um novo corte, e surge Lisa, uma bela mulher que está visivelmente interessada em Jefferies. Ele tenta evitá-la, desviando sua atenção para o apartamento de uma mulher solitária que finge estar jantando com seu parceiro. Por identificação projetiva, o diretor está, agora, nos mostrando a solidão em que vive o fotógrafo/diretor e o desejo que ele também nutre de um dia poder superar esse temor e ter uma parceira. Ele brinda, então, à vizinha solitária e a expressão de seu rosto parece nos dizer: *estamos na mesma, minha cara. Diferente de você, estou acompanhado, mas, por não poder chegar perto de Lisa, eu, como você, acabo ficando sozinho*. Na mente do fotógrafo/diretor, Lisa é tida como uma ameaça e, em função disso, ela precisa ser, de alguma maneira, silenciada. E Jefferies tenta desesperadamente fazer isto, desviando o olhar para a janela. Aliás, a mulher silenciada é um tema recorrente nos filmes de Hitchcock, como fica explícito em *O homem que sabia demais* e *Psicose*, por exemplo. No entanto, ao olhar para fora, o conflito interno de Jefferies não se desvanece e o que ele passa a enxergar na vizinhança fica impregnado de ansiedades próprias deste conflito. Assim, sem nenhum amparo substancial da realidade, ele passa a imaginar que o vizinho do apartamento em frente teria esquartejado a mulher para poder se ver livre dela. Naquele momento, por identificação projetiva, o vizinho passou a ser depositário do temor do fotógrafo/diretor em relação às mulheres e o executor do seu desejo de silenciá-las de uma vez por todas.

Parece que a culpa decorrente do desejo de livrar-se de Lisa e da fantasia de ter realizado este desejo por intermédio do vizinho que mata a mulher, gerou em Jefferies uma crescente necessidade de punição. Para prover o alívio dessa culpa, sai em busca de um castigo de igual intensidade e com idênticas conseqüências àquelas decorrentes do ataque perpetrado contra Lisa na sua imaginação. No intuito de alcançar este objetivo, o fotógrafo/diretor deixa, então, algumas pistas que revelam ao violento vizinho que o estava espionando. Felizmente, as conseqüências deste ato não foram tão terríveis quanto de fato poderiam ter sido: Jefferies não foi esquartejado, mas quebrou mais uma perna na luta com seu vizinho.

No final do filme, parece que a realidade se impõe em relação às fantasias do fotógrafo/diretor. O que vemos, então, é uma cena que em muito lembra a atitude de um casal, depois de ter desfrutado de uma relação sexual prazerosa. Ela confortavelmente deitada numa cama, com um sorriso de satisfação nos lábios, entretendo-se com uma revista e ele de olhos fechados, relaxado na cadeira e também sorrindo, depois de ter se permitido enfrentar a "fera" e dar-se conta que se tratava apenas de uma mulher, uma bela mulher. Jefferies, agora, pode fechar os olhos e, sossegadamente, sonhar com a experiência sexual gratificante que teve com a companheira. Ele não precisa mais, pelo menos não neste momento, olhar para fora, projetar seus temores, como na história do nubente assustado.

Penso que *Janela indiscreta* nos sensibiliza porque mexe com sentimentos e fantasias inconscientes que habitam nosso mundo interno, pois as cenas que Jefferies presenciou nos apartamentos em frente ao seu podem muito bem representar parte daquilo que se passa dentro de cada um de nós: nossos medos irracionais (como o medo e a ira do diretor/ fotógrafo projetado no vizinho assassino), nossos momentos de desespero e solidão (como aqueles que ficaram depositados na mulher solitária), nossos momentos de falta de criatividade (como os que foram atribuídos ao músico sem inspiração), nossos devaneios sexuais (como aqueles representados pelo casalzinho em lua-de-mel e pela bailarina libidinosa) e as tristezas que a vida nos reserva (como aquela simbolizada pela morte do cãozinho do casal sem filhos).

Como já disse Truffaut, ao referir-se a Kafka, Dostoiévski, Poe e Hitchcock, *Esses artistas da ansiedade não podem evidentemente nos ajudar a viver, pois que viver já lhes é difícil, mas sua missão é fazer-nos partilhar suas obsessões. Nisso, mesmo que eventualmente sem querer, eles nos ajudam a nos conhecer melhor, o que constitui um objetivo fundamental da obra de arte* (1).

FICHA TÉCNICA DO FILME

Título original: Rear window
Roteirista: John Michael Hayes. Roteiro adaptado de uma novela de Cornel Woolrich (William Irish).
Produtor e diretor: Alfred Hitchcock.
Fotografia: Robert Burks.
Música: Franz Waxman.
Distribuidora: Paramount.
Elenco principal: James Stewart, Grace Kelly, Wendel Corey, Thelma Ritter e Raymond Burr.

REFERÊNCIAS BIBLIOGRÁFICAS

1 — TRUFFAUT, F. *Hitchcock/Truffaut: entrevistas*. São Paulo: Brasiliense; 1986.
2 — GOTTLIEB, S. editor. *Hitchcock por Hitchcock: coletânea de textos e entrevistas*. Rio de Janeiro: Imago; 1998.
3 — BEYLIE, C. *As obras-primas do cinema*. São Paulo: Martins Fontes; 1991.
4 — SPOTO, D. *The dark side of genius: the life of Alfred Hitchcock*. New York: Ballantine Books; 1983.
5 — TULARD, J. *Dicionário de cinema: os diretores*. Porto Alegre: L&PM; 1996.

DISQUE M PARA MATAR:
HITCHCOCK, O AMOR E O SONHO.

*Liliana Sulzbach**

Talvez a vida seja apenas isso: o sonho e o medo
Joseph Conrad

O autor Donald Spoto uma vez disse que Hitchcock não é diretor de filmes, mas de 53 romances. Ele não aceita o fato de Hitchcock ser chamado de o "Mestre do Suspense". Para Spoto, isso é uma falácia que só serve para desviar a atenção do foco principal da temática de Hitchcock, que é o amor. Romances de amor negado, amor traído, amor perdido, amor reconquistado. Todos os conflitos de espionagem, os impulsos assassinos, a traição, os seqüestros, tudo isso seria o que ele chama de "MacGuffins", pretextos para deixar de analisar o que realmente interessa: a mais profunda lógica da história. E, em todos os casos, isso seria uma variação de uma história de amor. Podem ser estranhas e diferentes das histórias de amor que estamos acostumados a assistir, mas não deixam de ser histórias de amor.

Histórias de amor que se desenvolvem numa narrativa onírica — o que desperta tanto interesse da psicanálise. Hitchcock molda suas tramas numa estrutura parecida com a estrutura do sonho, onde as aparências são uma evidência fraca da realidade.

Talvez por isso Hitchcock deu tão certo no cinema. A narrativa cinematográfica tem grandes semelhanças com a estrutura dos sonhos.

Assim como nos sonhos, no cinema há transições repentinas de um lugar ao outro, as pessoas se recusam a agir e reagir como a gente espera. Os lugares familiares parecem muito diferentes do

---
Cineasta, Mestre em Ciências Políticas.

que realmente são, e o tempo é acelerado e distendido, de acordo com a relevância que se quer dar a um fato.

Objetos mudam de forma, pessoas entram em nossas vidas, se transformam em outras pessoas, desaparecem e reaparecem novamente. E cinema é assim também. Personagens se deslocam do presente ao passado ou ao futuro com uma facilidade incrível.

Ninguém sabia trabalhar com isso melhor do que Hitchcock, dando ênfase ao ritmo, criando muito suspense para apimentar suas histórias de amor.

Se o cinema é o resultado da sociedade industrial, com sua mecânica tão próxima à mecânica da locomotiva, da sociedade industrial, da transparência, ele também está próximo de todos os movimentos culturais da época, e vai se desenvolver juntamente com o desenvolvimento da psicanálise.

Como se enquadraria *Disque M para Matar* nesse universo? Uma história de amor envolta em suspense onde o tempo das coisas nem sempre é como a realidade.

Baseado numa peça de teatro da Broadway muito bem-sucedida, Hitchcock aceitou a proposta de dirigir o filme, numa das produções mais rápidas do cinema: 36 dias.

Visualmente, o próprio Hitchcock destaca poucos efeitos e contribuições para a narrativa cinematográfica. Um dos aspectos eram as tomadas, os planos baixos, na mesma altura do chão ou dos objetos que gostaria de destacar. Para obter isso, ele muitas vezes cavou um buraco para colocar a câmera e filmar a esta altura. Isso acontece, por exemplo, quando Grace Kelly busca a tesoura, uma arma para se defender. Ele busca criar perspectivas inexistentes na realidade, mas que enfatizam detalhes, assim como em nossos sonhos.

O figurino também contribui narrativamente. Grace Kelly aparece inicialmente com figurinos bem sensuais e cores fortes. A medida que a história vai se desenvolvendo e ficando mais sinistra, suas roupas vão ficando mais sérias e comportadas.

O filme, no entanto, fica muito preso à peça teatral, tanto em termos de cenário como em estrutura narrativa.

Hitchcock considera que muitos filmes baseados em peças teatrais ao transpor a história para a linguagem cinematográfica, simplesmente distendem a história, sem acrescentar nada relevante. Ele dá como exemplo a seguinte situação: se numa peça teatral um ator entra em cena abrindo uma porta, para demonstrar que está chegando em casa, num filme muitas vezes são mostradas ações desnecessárias à narrativa. Mostra-se ele estacionando o carro, abrindo a porta, subindo as escadas e entrando em casa.

Por este motivo, no caso de *Disque M para Matar*, o diretor preferiu manter-se fiel à peça, saindo poucas vezes do cenário. Inclusive na cena do julgamento, que não aparece no filme. Segundo ele, isso desviaria a atenção para toda uma seqüência desnecessária à história. Em determinados casos, por exemplo, ele até colocou um piso parecido ao de um palco para que se possa ouvir bem os passos dos personagens, salientando inclusive uma característica do teatro. No caso de *Disque M para Matar*, ao invés de fugir do teatro, ele evidenciou o teatro.

Há também uma presença muito grande de diálogos. Hitchcock, em seus filmes, sempre procurou fazer uma contraposição entre os diálogos e o que está sendo visto, muitas vezes mostrando a contradição e a dualidade dos personagens em relação ao que falam e demostram e o que realmente sentem.

Como Truffaut enfatizou, ninguém melhor que Hitchcock sabia salientar a dualidade, focando nossa atenção no que o roteiro não diz em diálogos e texto; ele mostra, por meio de planos estáticos, simples e diretos, uma edição precisa, os pensamentos mais profundos de seus personagens. "Hitchcock é único em ser capaz de filmar diretamente, prescindindo de diálogos explicativos, emoções tão profundas como conspiração, ciúme, ódio, desejo. É aí que reside o paradoxo: o diretor que, apesar da clareza e simplicidade de sua obra, é o mais acessível a uma platéia universal e também capaz de filmar e captar as mais complexas e sutis relações entre seres humanos."

Ficha Técnica

Atores:
Marido — Ray Milland
Mulher — Grace Kelly
Amante — Robert Cummings
Assassino/morto — Anthony Dawson

A História:

Um tenista que encerrou sua carreira é sustentado pela sua mulher. Esta, por sua vez, tem um amante. O marido, que descobre o caso, preocupado em perder a fonte de renda (supostamente mais interessado no dinheiro dela que no amor), resolve matá-la. Com a ajuda de um aventureiro com o passado criminoso, que ele, por meio de chantagem e pagamento, o convence de cometer o crime, enquanto o marido sai com o amante — o álibi. Mas o plano dá errado e a mulher mata o assassino. O marido, então, começa a articular explicações para sair ileso da história, mas a sua postura extremamente cooperativa desperta no delegado uma desconfiança. Com a ajuda da mulher e do amante, o delegado arma uma cilada para o marido.

DISQUE M PARA MATAR

Jair Rodrigues Escobar[*]

Bom-dia a todos! Em primeiro lugar, quero agradecer às entidades organizadoras, a Sociedade Psicanalítica de Porto Alegre, a Sociedade Brasileira de Psicanálise de Porto Alegre e a Sociedade Psicanalítica de Pelotas, pelo convite que me foi feito. É sempre uma satisfação estar colaborando e poder ter a oportunidade de discutir temas tão interessantes e tão ricos que envolvem interface entre a Psicanálise e o cinema. A Liliana falou de um aspecto interessante, são linguagens aparentemente diferentes, mas que chegam em pontos comuns. Este filme, *Disque M para matar,* não foi o que despertou maior interesse em Hitchcock. Segundo ele, as baterias estavam secas, estava vazio de criatividade e pra se proteger resolveu filmar uma peça, que estava se desenvolvendo na Broadway. Na época ele estava trabalhando em outro argumento (Bramble Bush). Dois autores que falam sobre cinema, Peter Bogdanovich e Truffaut, fizeram entrevistas com Hitchcock e seus filmes mais destacados são: *Janela indiscreta*, *Um corpo que cai*, *Psicose* e *Os Pássaros*, os quatro que tem um conteúdo plástico muito chamativo e atraente.

Para muitos, Hitchcock é o mestre do medo, mas acho que seus filmes vão além, é um autor que imagina o universo humano em estado de permanente instabilidade, com incertezas e dúvidas, o drama humano está presente de forma marcante, o próprio autor afirma isto ao dizer: nunca filmo uma fatia da vida porque isto as pessoas podem encontrar em casa, ou na rua ou mesmo na porta do cinema, filmar para mim significa, antes de mais nada, contar uma história, é preferível que ela seja dramática e humana. Penso que em *Disque M para matar* também está

---
[*]*Membro associado da Sociedade Psicanalítica de Porto Alegre.*

presente esta sua característica de fazer cinema. Parte de uma base comum em seus filmes que é a triangulação amorosa. Desta forma Hichcock nos introduz na triangulação amorosa entre Margot, Tony e Mark. As triangulações constituem os cenários inconscientes mais freqüentes e típicos, que podem, no pior dos casos, destruir o casal ou, no melhor dos casos, reforçar sua intimidade e estabilidade. Uma forma que am agressão relacionada aos conflitos edípicos assume freqüentemente, na prática clínica ou na vida cotidiana, é o conluio inconsciente de ambos os parceiros para encontrar, na realidade, uma terceira pessoa que represente o ideal condensado de um e o rival de outro. A implicação é a de que a infidelidade conjugal, os relacionamentos triangulares breves ou duradouros, freqüentemente refletem conluios inconscientes entre o casal. Há uma tentação em encenar o que é mais temido e desejado. Na nossa trama o tempo todo vai se observando a presença do conflito entre o amor e o ódio, a destruição e a tentativa de reparação e as pressões entre a vida e a morte. O aspecto saliente e que chama a atenção é o cenário da triangulação amorosa. Tony sabe que Margot o trai junto com Mark e o que acontece? Como é a evolução de cada um? Pelo menos o que se observa no filme, o Tony tem um curso em torno desta triangulação distinto de Margot e Mark.Tony parece estar movido mais pela perversidade, fazendo uso de defesas, predominantemente, psicopáticas. Desde o início percebe-se seu conhecimento da traição. A partir disto elabora plano de assassinato de Margot. Contrata um psicopata, conhecido seu de universidade, para cometer este delito. Busca com isto satisfazer suas necessidades patológicas, apropiar-se de dinheiro e bens de Margot, por meio da morte dela. Fracassado em seu intento, pois Margot se defende e acaba matando o falso assaltante.Tony segue com sua frieza e calculismo, elaborando uma fórmula, que possa incriminá-la. Chama a atenção, no filme, o fato que os outros demonstram suas emoções: Mark e Margot demonstram culpa. Com Tony não se observa o mesmo. Percebe-se, em alguns momentos, uma certa angústia persecutória, mas logo se recompõe. O que acontece com a Margot? Margot, diferentemente de Tony, demonstra suas emoções. Esta parece não resistir a situação de traição. Pode se inferir, que, provavelmente, por sentimento de culpa não tenha queimado todas as cartas, que o amante lhe enviou. Ao ficar com uma das cartas, inconscientemente, estava procurando a punição, na tentativa do alívio da culpa. Um dado chamativo, para corroborar esta hipótese, é a intensa passividade de Margot após o assassinato e como se deixa envolver por Tony. Tanto em Mark quanto em Margot, os sentimentos depressivos em relação a traição estão muito presentes. Com o Tony ocorre o contrário, não se observa a expressão dos seus afetos amorosos. Margot e o Mark, embora, cometendo infidelidade, traindo ao Tony, tem uma capacidade afetiva melhor que Tony, porque conseguem se culpar. A Liliana observou um aspecto da ótica cinematográfica que é bem simbólico. A questão da forma de vestir-se de nossa personagem. Inicialmente, Margot está vestida de cores alegres, exuberante, um vestido vermelho, bem-penteada. À medida que o filme vai se desenvolvendo e entra em todo o drama humano que ela passa a viver, modifica-se sua forma de apresentação. As roupas e o próprio penteado começam a mostrar seu desleixo, demonstrando um sofrimento efetivo. Mark parece sentir tanto quanto Margot. Deprimido por sentir-se responsável pela situação de sua amada tenta buscar a reparação, auxiliando a polícia na solução da trama. Tony, penso, tinha um distanciamento afetivo em relação a Margot, bem diferente do que se vê em Mark, que é uma pessoa que realmente estava buscando seu objeto de amor.

A evolução dos componentes do nosso trio amoroso é completamente distinta, Mark e Margot, por culpa depressiva, buscam a reparação de seus atos, Tony defende-se através da negação, mas a culpa paranóide faz com que busque a punição externa, a severidade de seu superego faz com que volte ao local do crime e acabe sendo desmascarado e punido. É isto para um início de discussão.

Os pássaros

Hiron Cardoso Goidanich (Goida)*

Como eu tinha observado no início e eu acho que vocês prestaram bastante atenção, nós acabamos de ver um filme que não se chama *Os Pássaros*. Se chama *as aventuras, ou a intromissão de uma loira no território de Jocasta e Édipo*, ou *desejos presos ou libertos pelo ar*. Acho que isto é a melhor definição que a gente pode dar para o filme do Hitchcock. Curiosamente eu ontem estava pesquisando nas obras que eu tenho sobre Hitchcock e a melhor de todas elas é uma séria de entrevistas que o cineasta F. Truffaut realizou com o mestre. Ele levou quase três semanas entrevistando O Hitchcock, analisando filme por filme. E curiosamente, em *Os Pássaros*, Trufaut e O Hitchcock falam muito na feitura da fita, falam muito nos efeitos que foram programados para se conseguir algumas cenas com os pássaros, falam na música, e em nenhum momento eles tocam na coisa mais importante que é o tema edipiano. Eu estava revendo a fita e, uma vez ou outra, eu não podia deixar de me conter e dizia, "puxa, mas tudo, tudo está tão claro, está tudo aí". Nem me lembrava que em certo momento, no diálogo entre Melanie e Anne, ela falava abertamente em problema edipiano que havia em relação a mãe e o Mitch. Bem, mas é em imagens é que isto se concretiza muito melhor.

Em primeiro lugar o que é Melanie, pelo menos no início? É uma mulher vitoriosa, extremamente sensual. Ela desperta a atenção de todo o mundo, inclusive já na primeira seqüência Hitchcock caracteriza Melanie. Ela vem passando por uma rua e recebe aquele tradicional assovio do *pô que gostosona, aquele fiu, fiu*. Logo

---

*Jornalista e crítico de Cinema

em seguida ela entra em uma loja de venda de pássaros e estes pássaros estão todos em gaiolas. Curiosamente, ela não está atrás dos *love bird*s, como depois vocês vão ver. Melanie aceita aquela introdução do Mitch no universo dela, porque ela acha uma pessoa interessante e resolve inclusive bancar aquela idéia que seria atendente da loja. Numa dessas seqüências da loja, ela vai abrir uma gaiola e o pássaro foge, e quem captura este pássaro é o Mitch. Isto já é, de certa maneira, uma idéia de tudo o que vai acontecer durante o filme. O jogo amoroso se estabelece já na primeira cena. O jogo amoroso com todos os seus problemas, com todos os seus perigos e todas as suas possibilidades imediatas e posteriores.

Vocês recordam quando acontece o primeiro ataque de pássaros? Ela entra na casa onde mora o Mitch com sua mãe e com sua irmã. Melanie deixa os pássaros lá dentro, que são os pássaros do amor. E quando ela sai, é atacada pela primeira vez. Sinal de que realmente ali já começa uma reação à intrusa, e o que significa a intrusa, a personagem Melanie, naquele mundo de *Bodega Bay*. Principalmente para as pessoas mais ligadas a ela, a professora, a Anne e a mãe, ela é a mulher que pode dar o amor que o Mitch ainda não tem, que é o amor sexual. E por isto ela acaba sendo mal vista, porque tanto a Anne como a mãe falam, em certo momento, que elas são frustradas, que estão sentindo a carência da pessoa humana, do macho da espécie. Elas não estão naquela gaiola do *love birds*, e a partir daí nasce todo o conflito.

Quanto mais Melanie se envolve naquela comunidade de *Bodega Bay* fechada, repressiva, mais aumenta a fúria dos pássaros contra ela. Os pássaros não deixam de ser uma metáfora, não do fim do mundo de jeito nenhum, mas daquele velho conflito edipiano. Quando você é mãe, é viúva e aparece uma pessoa querendo conquistar o seu filho, sempre existe este conflito. A minha mãe é viúva, há uns 16 anos. Eu tenho um irmão mais velho de quase 70 anos, que é casado, mas ele vai todas as noites na casa dela e todas as vezes que muda a empregada a minha mãe tem uma desconfiança tremenda com relação a esta empregada. Eu nunca disse para ela que isto é o conflito edipiano, que ela não ia entender este negócio, mas é uma verdade pura e clara.

Bem, à medida que o filme vai se desenvolvendo, vai se caracterizando, cada vez mais, este naquele universo da família. Tem uma seqüência fundamental dentro do filme que mostra o que é a composição de plano do Hitchcock. Eles estão dentro de casa, a Melanie, a mãe e ele, o Mitch. Hitchcock situa Mitch sentado sob a foto do pai. Ele é o substituto do pai junto à mãe, que está sendo, vamos dizer assim, roubado por uma outra pessoa. Lembro que a primeira vez que aparece a mãe com Mitch e com a filha, eles estão caminhando os três juntos. Melanie entra em cena e a mãe é abandonada e a filha menor (da mãe) e o Mitch passam a caminhar juntos e quanto mais se estreita a relação entre a Melanie e a menina, mais aumenta o ódio da mãe, que está se sentindo duplamente rejeitada. Não sei se vocês notaram isto no filme, é uma coisa muito óbvia e muito clara. Por que o final? Por que os pássaros estão aparentemente tranqüilos? Porque a Melanie foi castigada, no momento que ela foi especular o sótão, ela á atacada, ela é ferida, quase perde a consciência das coisas e aí a mãe de Mitch reassume o posicionamento de mãe. Mãe que, inclusive, a personagem Melanie não tinha, eu não me lembrava que em certo momento ela cita: *a minha mãe me abandonou quando eu tinha 11 anos, fugiu com outro cara*. No momento que a (filha) Melanie aceita a mãe, e a mãe aceita ela, os pássaros estão mais tranqüilos, não atacam mais.

Os pássaros: Algumas reflexões em torno de: "Os pássaros"

Viviane Sprinz Mondrzak*

Minha proposta, portanto, é tomar o filme como um ponto de partida, como um gatilho que dispare um processo de reflexão. Cada um de nós terá uma perspectiva particular, destacará um ou outro ponto que lhe seja mais caro e nisto reside a riqueza de uma obra criativa: permitir várias leituras, sem que uma seja a mais certa. Assim, tudo o que for dito aqui, deve ser entendido como um exercício reflexivo pessoal e não como uma leitura psicológica dos personagens ou do diretor. Da maneira como entendo, a primeira aproximação de qualquer obra de arte deve ser o mais ingênua possível, no sentido de nos dispormos a sentir o que ela nos provoca, deixando a reflexão e nossos conhecimentos teóricos para um segundo momento. É desta mesma forma que devemos nos aproximar de nossos pacientes, tendo claro que a mente humana é uma das obras de arte mais impressionantes, da qual não podemos dar conta apenas com a razão.

Neste filme, como num sonho, há um conteúdo manifesto e um latente. O manifesto diz respeito à história que é narrada, e o latente, se refere a todo um drama íntimo, velado, mas revelado em pequenos detalhes, que permitem que tenhamos acesso aos vários sentimentos dos personagens, às suas angústias, frustrações, medos, ciúmes. Assim, no conteúdo latente, há referências a questões que transcendem os personagens em si e podem ser referidas a características do funcionamento humano em geral, como veremos mais adiante.

---
*Membro efetivo da Sociedade Psicanalítica de Porto Alegre.

Mas vamos ao filme. A figura de Melanie é associada com pássaros desde o início: é para uma loja deles que ela se dirige e, no caminho, já percebe uma movimentação diferente nas aves que estão na rua. Ouve-se um assobio, deixando claro que Melanie é uma mulher atraente e introduzindo o tema sensualidade, que se mantém no primeiro encontro com Mitch. Aparentemente falam sobre acasalamento de pássaros, mas o clima de sedução é evidente e sabemos que o filme vai tratar da formação de um casal (*love birds*) e das vicissitudes a serem enfrentadas neste caminho.

Quem é Melanie? Como é habitual nos filmes de Hitchcock, temos mais uma "loira fria" que tão bem representa a idéia de sensualidade oculta, disfarçada. É uma moça rica, com uma certa arrogância, que maneja um barco sem o menor temor, vestida com um terninho impecável e usando um casaco de pele. E, por mais que sua figura não combine com isto, o filme sugere uma Melanie transgressora, algo infantil e inconseqüente (é responsável por uma janela quebrada, pulou nua numa fonte, quer dar uma ave que fale palavrões para a tia). Melanie quebra limites e lembra desinibição sexual (nua, em Roma). Podemos já imaginar o risco que ela representa. Não deixa de ser uma pena que após, numa conversa com Mitch na festa de Cathy, esta imagem se desfaça e tenhamos uma Melanie boa moça, arrependida, regenerada, abandonada pela mãe aos 11 anos (a mesma idade de Cathy). Assim, uma personalidade mais livre, transforma-se numa menina carente de cuidados maternos.

Portanto, Melanie é a ameaça. Ela é o agente potencialmente disruptivo, que ameaça um equilíbrio frágil. É o formigueiro da cidade grande invadindo a calma aparente de um vilarejo, é sensualidade invadindo relações potencialmente destituídas deste elemento. Os pássaros vão se agitando, importantes emoções estão por serem trazidas à tona. Vemos duas mulheres em torno de um homem. A professora, conformada com uma relação de amizade, sublimando qualquer outro desejo no mexer na terra. A mãe, mesmo passados quatro anos, ainda não fez o luto pela morte do marido e procura que o filho preencha este vazio. Teme, portanto, que ele se interesse por outra mulher, o que significaria o fim da ilusão de que Mitch poderia substituir seu companheiro. Temos vários indicadores das características do relacionamento desta mãe com seu filho como, por exemplo, quando se chamam de querido e querida. Vale lembrar ainda, a semelhança física entre Lydia e Melanie, o que a aproximaria da figura maternal incestuosa para Mitch.

Portanto, é fácil percebermos o ódio que Melanie desperta, não ela especialmente, mas os riscos de mudança que ela trás. Não podemos esquecer o quanto tememos o desconhecido e procuramos nos manter dentro do terreno do que estamos habituados. Melanie introduz sexualidade, o que não pode haver nas relações de Mitch com a mãe e com a professora e, assim, ameaça o desejo de que tudo poderia se manter como estava, com este elemento, a sexualidade, encoberto. No filme, temos claras alusões aos sentimentos de ciúmes, desconfiança e hostilidade em relação à Melanie, acompanhados de ataques dos pássaros. Quanto mais Melanie e Mitch se aproximam, mais os pássaros atacam. Há um elemento importante a ser lembrado: Melanie poderia ter voltado para São Francisco, mas ao contrário, não desiste do homem que deseja, como Annie fez, parecendo não se assustar tanto com a agressão que vai aumentando de intensidade.

Voltando aos pássaros. Como nos sonhos, condensam mais de um elemento, dos quais destaco dois: o potencial de ameaça que Melanie representa (ela seria sentida como pássaros ameaçadores, destruindo o sistema construído) e os pássaros como representantes da agressão, do ciúme de Lydia e Anne em relação à Melanie (agredindo-a como elas gostariam de fazer).

Poderíamos resumir o que foi dito sobre o relacionamento entre os personagens usando um conceito muito caro à teoria psicanalítica, o de conflitiva edípica? Annie fala diretamente nestes termos ao se referir ao relacionamento ciumento e possessivo de Lydia em relação ao filho. Mas é importante que tenhamos cuidado com explicações simplificadoras. O que vemos no filme não é somente o desejo do filho de ocupar o lugar do pai e ficar com a mãe e, na mãe, a realização de seu próprio desejo de ficar com o pai (agora na figura do próprio filho), afastando qualquer mulher por quem o filho se interesse (como representantes da mãe).

Temos aqui, antes de mais nada, uma mulher (Lydia) que se descreve como frágil, muito dependente do marido (talvez numa relação filial com ele), inconformada com sua morte, não podendo aceitar esta realidade. Tenta negá-la colocando o filho nesta posição, o que inevitavelmente leva à decepção e raiva subseqüente: ("...se seu pai estivesse vivo"), porque o filho não pode substituir esta perda. Os sentimentos amorosos também são fonte potencial de agressão, como no amor de Lydia pelo filho. Assim, Lydia tem raiva de Mitch porque, por mais que ele tente, pode apenas ajudar a mãe, não a proteger da dor inevitável da perda. É difícil também para Mitch aceitar que não pode substituir o pai e, nestes quatro anos, parece ter tentado corresponder ao desejo da mãe (que era seu também, em parte).

É importante que se destaque que, no mito de Édipo, ao tomar conhecimento de que matara o pai e casara com a mãe, Édipo se cega. No filme, os pássaros atacam os olhos, a função de enxergar, de perceber a realidade como ela é. Não sei se a intenção do diretor era aludir ao castigo pela culpa edípica, mas quero enfatizar o sentido de ver ou negar a realidade, externa ou interna. A cena onde Lydia encontra o fazendeiro morto é de grande impacto, marcada pela presença do silêncio, que só acentua o horror.

Os animais de maneira geral se prestam para representar o que temos de instintivo, de não dominado pela lógica, justamente por sua condição irracional, mas pássaros raramente estão associados com agressão. Assim, esta escolha causa um impacto ainda maior, porque não esperamos que pássaros ataquem e se presta para refletirmos sobre a natureza humana, a dificuldade de aceitarmos que não somos apenas dotados de bons sentimentos e guiados pela lógica. Temos todos, o desejo de formar casais produtivos e cegonhas que trazem bebês, mas também abutres que atacam tudo que é vivo e criativo e se alimentam de destruição. No filme, o casal de *love birds* é preservado e levado junto no final, assim como imaginamos que Mitch e Melanie vão permanecer juntos e formar um casal no qual a sexualidade não seja negada. Mas a possibilidade de ataques agressivos contra esta união, não fica descartada, já que provoca ciúmes e inveja.

O filme foi acusado de machista, porque mostraria três mulheres lutando por um homem. Mas, de fato, o relacionamento nuclear parece ser o de Lydia e Melanie: Melanie cuida de Lydia e Lydia cuida de Melanie e assim, cada uma encontra parte importante do que precisavam, cuidados maternos. É a mudança no clima entre elas que define a diminuição das hostilidades e a possibilidade do casal se formar.

Os pássaros nos coloca algumas questões. Somos realmente livres? Em que medida somos donos de nossas vidas? Se são os pássaros que estão na gaiola no começo do filme, no final, vemos as pessoas presas em suas casas e Melanie, na cabine telefônica.

Somos seres racionais, com domínio sobre nossos sentimentos? Na verdade, somos todos seres lógicos e ilógicos, racionais e irracionais e, desde Freud, se entende melhor nosso psiquismo funcionando em termos de duas lógicas, uma inconsciente e outra consciente. Gostaríamos de nos ver apenas como seres racionais e dotados de sentimentos aceitáveis. Mas a realidade não se mostra assim. Na cena do bar, além da dose de humor contida, temos ilustradas as tentativas feitas para lidar com o inusitado, com o que não podemos explicar através da lógica consciente. Desde a explicação religiosa até um racionalismo científico caricaturizado na ornitóloga, que tem explicações para tudo e não abre a menor possibilidade para o que contraria o lógico.

Não por acaso, na cópia original do filme, não há o *The End* tradicional. A ameaça dos pássaros não termina jamais, continuamos sempre na dependência das formas que encontramos para resolver o eterno conflito amor x agressão, respeito pelo outro x sentimentos egoístas, aceitação dos limites da realidade x sentimentos onipotentes. Isto vale em termos individuais e em termos de funcionamentos grupais. No início me referi às lembranças que o mês de setembro trazem e às perspectivas de guerra presentes. O filme mantém sua atualidade e a capacidade de nos assustar, porque continuamos nos assustando com tudo que não podemos explicar, que escapa ao nosso controle. A necessidade de explicar a natureza tem sido responsável pelo avanço científico. Sobre a natureza do psíquico, suas contradições e ambivalências, a psicanálise tem se debruçado. Mas ainda temos dificuldade em aceitar que nossa vida mental não está sob nosso controle e que experimentamos sentimentos que não gostaríamos de admitir, como inveja e ciúmes. Que não somos nós os bons e os certos, e os outros, os errados, os maus. Que abrigamos em nossa mente todos os tipos de pássaros.

Pacto sinistro: Apontamentos sobre Hitchcock

*Carlos Gerbase**

Hitchcock começou a trabalhar com cinema na Inglaterra, onde desenhava letreiros para filmes mudos. Logo o pessoal da própria produtora viu nele algum talento, e Hitch foi galgando posições, até que começou a dirigir. Naquela época fazer um filme era uma coisa bem mais, não digo fácil, mas uma coisa, talvez, mais simples do que é hoje. Os recursos eram menores, os orçamentos não eram tão grandes, possivelmente as pessoas arriscavam mais com novos talentos, de modo que a ascensão dele foi muito rápida. O primeiro filme foi um fracasso, mas a partir do segundo ele já começou a colocar alguma coisa do estilo que o acabou consagrando.

Desde o começo da carreira, trabalhava com suspense misturado com melodrama, com tramas de detetive e de policiais, sempre flertando com o lado escuro da nossa existência. Contudo, na maioria dos filmes de Hitchcock, há cenas alegres, ou até cenas engraçadas, às vezes em momentos terríveis da história. De modo que a gente ri, como se fosse um pequeno intervalo catártico no meio do grande suspense. Ele flertava com o lado escuro da nossa existência, mas ele gostava de divertir as pessoas, assustando-as e logo depois dizendo: *isto aqui é um filme, não se joguem aí dentro completamente porque, na verdade, eu sou uma pessoa comum, eu sou um artesão e estou fazendo um filme para divertir vocês*. Isto é constante em toda a carreira dele. O fato de Hitch aparecer de vez em quando nos filmes é coisa de quem está fazendo uma brincadeira com o ato de fazer cinema.

---

*Cineasta e professor de curso de Jornalismo e Publicidade da FAMECOS/Pontifícia Universidade Católica do Rio Grande do Sul.

Ainda na Inglaterra, ele passou do cinema mudo para o cinema sonoro sem maiores traumas. Muitos cineastas, atores e atrizes naufragaram solenemente nesta passagem. Muitos diretores tiveram suas carreiras interrompidas imediatamente. Atores que as pessoas achavam maravilhosos, atrizes de sucesso, quando abriam a boca, assinavam sua pena de morte. Hitchcock fez a transição com muita classe, pois sempre soube aproveitar os limites da tecnologia oferecida para ele.

Depois de ir para os Estados Unidos, começou a trabalhar nos grandes estúdios, com quem teve, durante quase toda a vida, uma relação de empregado-patrão. Ele fazia os filmes que o estúdio decidia fazer, sem grande liberdade para fazer exatamente o filme que ele queria. Os estúdios, conhecendo a personalidade dele, pesquisavam romances, contratavam roteiristas, entregavam o filme para o Hitchcock e diziam: *Hitchcock faz isto, é a tua cara.* Ele podia colaborar, ele podia procurar junto, mas ele não era um autor, neste sentido moderno do autor, do cineasta que vai buscar, vai escrever sozinho o seu filme. O Hitchcock era um trabalhador do cinema, ele filmava quase todos os anos. Às vezes ele gostava mais do roteiro, às vezes ele gostava menos do roteiro, mas o que ele sempre fez, fosse qual fosse a história, foi imprimir o seu sentimento cinematográfico naquele filme. Ele conseguia no melodrama, no filme de suspense e até nos filmes que flertam com o gênero do horror —como *Os pássaros*. A marca de Hitch é sempre perfeitamente identificável. Talvez os seus filmes mais fracos sejam justamente aqueles em que a gente não veja o Hitchcock tão explicitamente.

Na década de 1950, Hitch era um sucesso de público e um fracasso de crítica nos EUA. Diziam que ele fazia lixo, que ele era um empregado dos estúdios, que estava fazendo o pior cinema do mundo, porque achavam que ele era um cara de gênero, *ah! ele pegou o filão este do horror e está fazendo gênero.* Hitch nunca se importou com isso. A coisa mudou quando, na França, o pessoal da *Nouvelle Vague* —Truffaut, Godard, Rohmer, etc.—

passou a estudar o cinema americano e pinçar alguns cineastas que os críticos americanos desprezavam. Os críticos franceses disseram: *Espera aí, vamos ver este filme do John Ford aqui, olha só, esse cara sabe filmar, esse cara é um autor*, e Hitchcock virou um grande ícone nisso. John Ford e Hitchcock, mas mais Hitchcock. Eles começaram a rever os filmes, começaram a pinçar filmes mais antigos — e filmes recentes também — e começaram então a descobrir nos filmes coisas que estavam ali e sobre as quais ninguém falava. Os críticos simplesmente registravam a grande bilheteria, o sucesso, e não diziam nada sobre o filme.

Cinema é uma linguagem muito complexa, ela trabalha, necessariamente, com a hibridação, uma mistura de três matrizes. Trabalha com a matriz sonora, o som, que é a primeira das matrizes, a matriz que nos entrega ao mundo, porque define uma sintaxe. Trabalha com a matriz visual, tanto que as pessoas dizem às vezes: *cinema é imagem*, o que não é toda a verdade. Mas é a imagem que nos dá a forma. E trabalha com a matriz verbal, que nos fornece o plano discursivo. O bom cineasta é o que sabe misturar estas três coisas, e Hitchcock, como todo bom cineasta, é um camarada que a cada filme pensava: como eu vou contar a história e como eu vou usar todos os elementos dramáticos, narrativos, que a linguagem cinematográfica me oferece para prender e emocionar o público, e contar a história, não necessariamente nesta ordem. Geralmente primeiro se pensa em como é que se vai estruturar a história, de modo que as pessoas entendam; logo depois como é que esta história será narrada, de modo que seja interessante: por onde eu começo, o que eu escondo, o que eu mostro e como é que eu vou emocionar usando imagem, usando som e usando as palavras. Hitchcock fazia isto, não tem mistério. E ele fazia muito bem.

Se alguém pegar os grandes filmes de Hitch e analisar as três matrizes descritas acima vai se constatar que a música está a serviço da imagem, a imagem está a serviço do que as pessoas dizem, e o que as pessoas dizem está a serviço da história. É a velha idéia do

Aristóteles de que é preciso uma unidade, de que é preciso numa obra de arte que os diversos elementos estejam todos trabalhando com o mesmo objetivo. Dizer é simples, fazer que é complicado.

No momento em que há atores, há um cenário, há um diretor de fotografia, no momento que se tem infinitas variantes, que podem até estar em outras formas de expressão, fora do filme, ter talento é delegar poderes e acompanhar o todo sem perder os detalhes. Hitchcock conseguia isto. Ele era extremamente metódico e planejava muito, todos os filmes.

Existem muitas histórias sobre Hitch, mas duas são as mais famosas. E provavelmente não passam de lendas, o que as torna ainda mais significativas. Dizem que Hitch desenhava cada plano, metodicamente, pois tinha bons conhecimentos de desenho. Depois vinha o pessoal do *storyboard*, onde se desenha cada plano, onde cada coisa vai acontecer. Hitch desenhava tão meticulosamente, que não colocava o olho na câmera. Ao colocar o olho na câmera, o diretor pode dizer: *é um pouquinho mais para lá, um pouquinho mais para cá*. Mas Hitch simplesmente entregava o desenho: *eu quero isso aqui*. Ele sabia o que ele queria dizer antes de filmar. No *set*, quanto menos surpresas melhor. As surpresas são para o público. Isto fazia com que a equipe tivesse um grau de conhecimento absoluto do que estava sendo feito, o que é uma boa explicação para a grande unidade dos seus filmes.

Outra história reporta a maneira com que ele tratava os atores, sempre muito friamente: *Ator é gado, vai para lá, vem para cá*. Contam também que uma vez um ator, depois de desempenhar uma cena difícil, complicada, ao fim da qual Hitchcock disse *corta* e mais nada, foi perguntar para Hitchcock: *como é que eu estava, como é que foi?*

Hitchcock: *Qual é a sua profissão?*

Ator: *Eu sou ator.*

Hitchcock: *Então o Sr. atuou. O Sr. atua, eu dirijo, e nós vamos fazer um bom filme.*

Essa distância que ele mantinha com os atores, com o resto da equipe, claro que tirava alguma coisa do filme. Claro que os atores poderiam render mais se Hitchcock fizesse um longo laboratório, mas, ao mesmo tempo, assegurava a Hitchcock uma clareza absoluta de tudo que estava sendo dito no filme. Esta é a força dos filmes de Hitchcock, e também é a sua fraqueza. Em algumas cenas, quando a coisa não funciona, o filme parece que desmonta na nossa frente.

Mas o que parece ser o grande legado de Hitchcock em termos cinematográficos é essa noção de grande unidade nas diversas formas expressivas que o cinema usa e, digamos assim, esta maneira de ser autor, de imprimir a sua identidade mesmo no contexto da indústria cinematográfica americana que é extremamente cheia de fórmulas. A fórmula Hitchcock de fazer suspense é uma fórmula que deu certo, e basta olharmos os filmes mais antigos dele que vamos descobrir muitas coisas que estão ali, que ele colocou, não eram valorizadas na época e que hoje ainda estão ali para nos divertirmos.

O fim da carreira dele não foi estrondoso. Começou a supervisionar muitos programas de televisão, ou simplesmente emprestava seu nome para séries de televisão. Ele incorporou o próprio personagem e se diluiu um pouco. Hitchcock quase virou um clichê dele mesmo. Mas Hitch, sem dúvida, deixou filmes maravilhosos para vermos.

PACTO SINISTRO: ALGUMAS CONSIDERAÇÕES SOBRE O FILME "PACTO SINISTRO" DE ALFRED HITCHCOCK

*Luiz Marcírio Kern Machado**

Por outro lado, é sempre uma responsabilidade e um desafio a participação de um psicanalista num evento público, na condição de comentarista de uma produção artística, que de um modo geral, não é produzida para ser analisada mas sim, para produzir algum efeito estético. Embora tenhamos hoje um filme no qual os personagens são passíveis de uma abordagem psicanalítica e psiquiátrica, penso ser primordial ressaltar que nesta, assim como em toda a obra de ficção, a Psicanálise contribui tão somente com alguns dados esclarecedores que possibilitam um melhor aproveitamento deste efeito estético, sem jamais abranger a sua maior dimensão como obra de arte. O valor de uma obra de arte, excede a qualquer tentativa de explicar suas motivações psicológicas. Dito isso, tentaremos trazer a sua consideração algumas reflexões que o filme nos produziu, antes de mais nada, pela curiosidade de cotejar as nossas impressões com aquilo que possa Ter sido motivado nos outros espectadores aqui presentes.

Como a atividade de hoje se insere num ciclo de palestras que reúne psicanalistas e cineastas em torno da obra de um autor que produziu um gênero voltado ao efeito do "suspense", o que lhe valeu o título de "Mestre do Suspense", penso ser interessante, começarmos pôr uma análise dos elementos comuns que são utilizados para provocar este tipo de reação afetiva nos espectadores. Ao meu ver, o suspense é criado por uma mescla de medo, afli-

---
*Membro efetivo da Sociedade Psicanalítica de Pelotas.

ção, angústia, mas ao mesmo tempo uma extrema curiosidade que nos mantém presos até que o filme se resolva. O prazer estético portanto, se liga ao fato de que algo dramático e traumático se desenrola na dinâmica de uma trama na qual o mistério e a própria violência (não necessariamente explícita) vão num crescendo até atingir um ápice, após o qual em algum momento o próprio esclarecimento da situação misteriosa, eventualmente com a punição de um verdadeiro culpado produz um alívio que baixa a adrenalina. Quero fazer algum comentário sobre essa questão do suspense. Gerbase estava falando sobre aspectos da obra de Hitchcock, que foi um autor que realmente nos impressionou. Eu me lembro, do efeito que me produziram filmes como *Psicose*, *Vertigo*, *Janela indiscreta*, pelo fato de que em todos eles, existem alguns elementos comuns que podemos analisar sobre a questão do suspense. Nem sempre o gênero suspense coincide com o gênero terror, de tal maneira que há filmes de terror que não criam suspense embora possam até criar horror. Hitchcock consegue criar suspense numa linha que se afasta daquilo que caracteriza um filme de terror porque trabalha com um efeito amedrontador que brota de algo que é trivial e familiar. Como Gerbase esteve comentando Hitchcock era inglês, e tem um ditado na Inglaterra que diz assim: *if you have to kill someone make it softly* e nós podemos ver que a cena do crime é na verdade uma cena *soft*. Ela é completamente desprovida de toda esta explicitação de violência que nós assistimos nos filmes atuais. Esta capacidade de nos produzir medo mais a partir de algo implícito do que explícito, me fez lembrar de um texto muito interessante de Freud escrito em 1919, intitulado "*O estranho*" cujo título em alemão (eu cito apenas para melhor esclarecimento) é "*Das Unheimliche*" e que poderia ter sido traduzido para o português com a seguinte sinonímia: estranho, misterioso, inusual, sobrenatural e por fim sinistro, como o título do filme refere. Por isso penso que alguns aspectos do texto poderão nos ser úteis nesta abordagem. Aqui também Freud se pergunta o que estamos tentando questionar, ou seja, qual o núcleo comum que nos permite distinguir como estranhas, como sinistras, determinadas coisas que estão dentro do campo do que é amedrontador. A primeira vista a resposta mais simples é a de que, o que estranhamos nos amedronta porque é novo e desconhecido. Mas pergunta Freud com perspicácia:" Será que tudo que é novo, tudo que é desconhecido, tudo que não é familiar é por isso mesmo necessariamente assustador?" As crianças não demonstrariam tanta curiosidade genuína, e tampouco teríamos tanta capacidade para apreender e desvendar os mundos desconhecidos (afinal, característica tão peculiar do ser humano) se diante do novo respondêssemos sempre com medo e aversão, ao invés de curiosidade. Conclui Freud, que o que é estranho, se torna sinistro e assustador quando remete paradoxalmente á algo até então tido como familiar. Em outras palavras, mais do que medo ao desconhecido, o sinistro se refere a algo que é conhecido, familiar, mas que pertence a algum modo superado de interpretação dos dados de realidade. Um processo de pensamento que se estrutura de forma animista, mágica, fantasiosa, como foi o nosso pensamento na infância e como foi o pensamento de nossos primitivos ancestrais. Assim, por exemplo, uma criança pode brincar que sua boneca fala e se mexe, por que de certo modo, acredita que isso é possível. Porém, responderá com terror se esta mesma boneca efetivamente tomar aspectos de vida independentemente da sua vontade. Principalmente se o semblante anteriormente bondoso e familiar deste brinquedo assumir progressivamente uma expressão maléfica e ameaçadora. A animação de objetos inanimados é um artifício bastante usual em obras de ficção que visam promover o efeito de suspense. Da mesma maneira, é intrinsecamente assustadora toda a situação que refira o retorno dos mortos. Estas situações, da ficção, estão ligadas a questão da onipotência do pensamento que sustenta todas as superstições como é o caso da fantasia de pronta realização de desejos que consiste num pensamento mágico de que podemos realizar algo apenas porque o desejamos. Por exemplo, se pensamos algo de ruim, com relação a uma pessoa de quem estamos com raiva, e se coincide com alguma desgraça que efetivamente lhe acomete, este pensamento mágico, tende a transformar este evento numa relação de causa e efeito como decorrência do desejo. Esse pensamento onipotente, mágico que se encontra inscrito na nossa filogênese e ontogênese, encontra-se nos adultos na categoria de um inconsciente reprimido. Nos indivíduos portadores de psicose, ao contrário, apresenta-se de forma manifesta. O que nos produz estranheza, liga-se ao fato de não encontrarmos lógica no nosso pensamento atual, em algo que já nos foi familiar na nossa forma primitiva de pensar. Portanto, a qualidade do que é sinistro, decorre de uma emergência de algo maléfico que brota inadvertidamente, ou mesmo incoerentemente de dentro do que é familiar e previsível no comportamento humano. É o mal que surge de dentro do bem. É o desconhecido que aparece como a face oculta do que é conhecido. O medo clássico que temos do escuro, não se deve ao fato de atribuirmos há falta de luz um perigo inerente, mas, sim, ao fato de projetarmos neste espaço escuro, algo que brota de nossa própria mente, e que estava até então inconsciente.

Vejamos agora como Hitcochk utiliza na sua ficção, elementos desta nossa realidade psíquica, para criar com maestria efeitos de suspense.

A primeira cena remete a uma situação absolutamente trivial. Numa estação ferroviária passageiros embarcam em um trem. Habilmente o cineasta não os personaliza, usando com recurso uma câmera que acompanha tão somente seus pés. Enfatiza a diferença dos sapatos, introduzindo neste detalhe algum indício da peculiaridade das personalidades dos dois protagonistas da trama que se inicia.

A apresentação dos personagens que poderiam ter passado despercebidos um do outro, acontece por uma série de coincidências fortuitas. Por mero acaso, sentam no mesmo vagão e ao cruzar as pernas um bate no outro. Podemos dizer que até então, o elementos do filme são absolutamente familiares, não há indicativos de algo sinistro nas cenas rodadas até então. Tampouco, no primeiro momento do diálogo, há o que se estranhar, a não ser o fato de que um personagem se mostra reservado, discreto, lendo um livro, enquanto o outro, demonstra uma curiosidade intrusiva, declarando de forma exagerada a sua admiração pelo famoso tenista. Pode-se antever, nesta manifestação, algum sentimento de inveja, sem dúvida um ingrediente de toda a conduta nefasta e perversa. Subitamente, a primeira coisa estranha. O personagem intrusivo, vai mais longe referindo-se ao rumoroso relacionamento do tenista com a filha de um importante senador, o que provoca a primeira reação de desconforto e de estranheza naquele que já começa a aparecer como a vítima de um processo sinistro. Como costuma acontecer com uma vítima co-responsável, também por um estranho motivo, aquele que deveria comportar-se com mais reserva ainda, comenta a razão de seu conflito mais angustiante no momento: a existência de um indesejável relacionamento com uma esposa, que espera um filho seu e de quem está pedindo o divórcio. Não sabe ele que está diante de um sujeito psicótico e com distúrbios anti-sociais que interpreta esta confidência como um pacto de cumplicidade. Como se fosse algo completamente aceitável, natural, oportuno, quase que perfeito, após comparar o suposto desejo de seu parceiro de ver-se livre da incomoda ex-esposa, com seu próprio desejo de livrar-se de um pai intensamente odiado, propõe-lhe um "pacto sinistro": um praticar o crime pelo outro (crimes cruzados). Um pacto unilateral do ponto de vista da consciência e da ética, desde de uma forma de pensar e de agir que nos é habitual e saudável. Mas é aí que entra em jogo a dialética do sinistro, porque ao considerar o outro igual a sí próprio, o futuro assassino desconhece-lhe as diferenças, mas reconhece com a perspicácia de um psicótico e/ou um psicopata o desejo que os une num plano inconsciente, e chega a comentar como se estivesse brincando: *nunca pensaste em te livrar de alguém*? E, cá prá nós, quem nunca pensou?

A partir daí se estabelece uma fatídica "duplicidade" entre um sujeito psicótico que admite como plenamente exeqüível o seu plano porque supõe que o único entrave que o impede de executar o parricídio seria o fato de ser ele próprio um suspeito imediato e não consegue localizar qualquer outro fator interno como um sentimento de culpa. Parece-lhe, portanto, perfeito trocar o agente do crime porque conforme raciocina, quem poderia suspeitar de alguém que sequer conhece a vítima. Por outro lado, nesta duplicidade, está um sujeito neurótico, que por reprimir seus desejos sádicos não pode levar a sério tal proposta absurda.

Uma cena importante da trama na qual um é o "duplo" voluntário de outro involuntário, ocorre na seqüência do filme, quando se dá uma violenta discussão entre o tenista e sua esposa, na qual ela o ameaça de não lhe dar o divórcio para estragar a sua vida. Pode-se aí dizer que ele saí desta discussão, assistida por testemunhas, com um forte desejo de se livrar dela. A partir disso torna-se também um suspeito. Ao meu ver, o aspecto principal da atmosfera de suspense, neste filme, não está na revelação do criminoso que é imediatamente identificado por nós espectadores, mas, sim, na impossibilidade crescente do outro em provar a sua inocência. Identificamo-nos com o desafortunado personagem que até então tinha tudo para se dar bem: uma noiva bonita e rica, um sogro famoso que o acolhe muito bem, uma brilhante carreira de tenista. Tudo isto está subitamente ameaçado por um insano porém hábil personagem diabólico que irrompe em sua vida. Tudo parece levar a crer que neste impasse, o pacto terá que ser inexoravelmente cumprido. De tal sorte, que quando o tenista pega aquele revolver que lhe é enviado pelo assassino, o crime deverá ser executado, ou matará o pai de Bruno, cumprindo o "combinado" ou matará o próprio Bruno. Tal não acontece porque o "mocinho", é movido por sólidos sentimentos éticos. Resta-lhe portanto, provar sua inocência, contra toda as evidências ardilmente preparadas para incriminá-lo. As cenas finais, num clima de crescente suspense, giram em torno de um pequeno objeto que servirá como prova incriminadoura definitiva. Um isqueiro com suas iniciais que será colocado pelo assassino no local do crime. Aqui o clímax da trama de suspense coloca frente a frente, o bem e o mal, num confronto direto. Como numa boa obra de ficção, o alívio vem quando o verdadeiro culpado é punido, nos produzindo um necessário relaxamento para que possamos nos colocar frente ao filme, como espectadores de uma obra de ficção e, ainda que impactos, retornarmos à nossa vida. Estes são alguns comentários que trago, para suscitar um posterior debate.

FESTIM DIABÓLICO:
COMENTÁRIOS SOBRE A CORDA

Gisele Hiltl*

Em primeiro lugar, muito obrigada pela distinção de estar aqui! É realmente um prazer muito grande ter a possibilidade e a oportunidade que esse evento gerou para mim; a primeira é a possibilidade de assistir cinema, porque quanto mais eu faço cinema, menos eu consigo ir ao cinema; a segunda é a oportunidade de descobrir este filme, que faz parte da história e que certamente passou por mim, mas que tive chance de revê-lo. Em função do convite eu o resgatei e este resgate me deixou profundamente impressionada com o resultado deste filme como um "produto cinematográfico".

Eu também, como Lauro Schirmer, esperava que a gente tivesse aqui uma situação de projeção em preto e branco e fiquei impactada com a qualidade do DVD e do colorido tecnológico. Ainda assim, acho que enquanto estética cinematográfica seria curioso assisti-lo em preto e branco. De qualquer maneira — cor ou preto e branco — isto não invalida a nossa troca de impressões e estou muito feliz por isso.

Outro motivo que realmente mexeu muito comigo foi me perceber, tantos anos depois, num grupo privilegiado de psicólogos, psiquiatras e psicanalistas que foi, nos anos 70, a minha opção profissional primeira, no vestibular!

Fiz comunicação, jornalismo, e me dediquei à produção e estou gratificada de estar reencontrando este grupo nesta possibilidade de observação conjunta aqui, decorrente do meu trabalho.

Acho que o filme *Festim diabólico*, ou *A corda*, além da sua genialidade, nos oferece histórias muito especiais de observação.

**Jornalista e Cineasta.*

Ouvi de um colega, que esteve comigo quando assisti, na semana passada, em casa, dois comentários que me parecem muito importantes e foi o motivo de eu querer revisitar esta projeção novamente, hoje. Primeiro, é que é uma obra de 1949, rodada em p&b, em que a proposta de realização cinematográfica era filmar em um único plano, o que para mim é extremamente excepcional, quer dizer, rodar um trabalho de aproximadamente 1h30min, 1h45min, em um único plano é genial e de um preparo brilhante. Segundo, o filme, dizem, conseguiu ser feito com dois pontos de corte, não sei se vocês observaram, que são: o casaco do Brandon e uma passagem pelo o baú — quando o Rupert abre o baú. Tem, inclusive, nesta abertura do baú, hoje eu observei na cor, uma mancha vermelha na mão muito mais forte... Seriam então estes, os dois pontos, que nós chamamos de montagem, que no vídeo se chama edição.

Para se discutir se o filme teria ou não teria, sido filmado num plano único, ou ainda em dois planos, me parece que para vocês não, e o mais importante, e eu teria que analisá-lo muito. Tecnologicamente tudo o que nós vimos aqui, hoje, é possível, com cortes imperceptíveis, agora, talvez numa observação mais severa, numa leitura p&b, a gente poderia identificar se realmente são três planos seqüências: o primeiro até o casaco, o segundo até a levantada do baú e o terceiro dali até o final.

Eu queria ressaltar uma coisa, que para mim tem sido, como produtora, uma investigação deste momento do cinema brasileiro e por isso o impacto que o filme me trouxe, que é a modernidade do produto cinematográfico. Vocês observaram uma situação apresentada por sete personagens, ou melhor, oito porque a participação do David é mínima... E a gente comentava que é o primeiro filme que não se enxerga Hitchcock! Disse que seria brilhante se Hitchcock fosse David! Realmente é genial, mas diante da Janet que ele escolheu, ele não poderia ser aquele David charmoso...

Acho que realmente enquanto filme *Festim diabólico* tem esta proposta extremamente moderna de linguagem, de conceito, de som. O número de personagens, o roteiro comedido, um trabalho que acontece com os personagens num único ambiente sem que com isto ele nos aborreça pela lentidão, pelo contrário, a câmera flui o tempo inteiro, e também não nos tonteia, ela nos aponta focos de observação. Acho que é uma direção brilhante que retoma uma outra coisa que este momento do cinema, principalmente aqui no Brasil, exige, que é o conceito de direção, a figura do diretor como coordenador e regente desta orquestra que é fazer cinema, e por outro lado, nos devolve uma simplicidade surpreendente, nem por isso ele deixa de ser tão bonito e tão moderno, e para mim pessoalmente, como produtora, ele impacta porque me apresenta os três conceitos sonhados, ele é bom, ele é bonito e ele é barato, e isto é o nosso desafio! Alem disto, a gente comentava, antes de começar, que este filme tem material para ficar uma semana aqui conversando, porque ele é surpreendente na forma de apresentar as suas observações. Esse Rupert, que hoje chegou a me sugerir em alguns momentos o próprio mestre Freud pela conduta de professor, ao mesmo tempo que traz coisas que a gente vem investigando, que é essa relação de conduzir um ensinamento como professor e abrir um conhecimento no aluno, nem sempre controlável, que permite um Brandon delirar desta maneira, um Philip, nessa relação Philip/Bradon. Um Philip submisso, um Philip aluno do Rupert, eventualmente a relação homossexual de Brandon e Philip que também é sutilmente colocada na relação da festa, o casal composto pelo pai do David e a tia do David, a parceria da irmã com o irmão, a ausência da mãe eternamente doente, a Janet extremamente confusa, criativa, enfim, são coloridos de personagens apaixonantes e os aspectos mais íntimos e simples de cada um destes personagens... É extremamente rico e delicioso prá gente conversar. Eu acho que a coisa mais saborosa enquanto observação, são os aspectos de delinear o componente feminino e o componente masculino de cada personagem, eu diria para vocês que eles são "perfumados" para mim; em determinado momento eu saí da sala e fui fumar, porque eu percebi o quanto é agradável fumar e conversar... em outro momento eu senti o cheiro daquele cigarro, o cheiro daquele ambiente, o cheiro daquela bebida... Assim, ele é tão rico que ele me traz o sentido do olfato.

Por último, gostaria de me colocar a disposição para que depois de concluída esta etapa de "Freud: Releituras Brasileiras", a gente possa, em conjunto, entrar num debate, numa avaliação sobre os filmes produzidos aqui no Sul. Eu queria colocar para vocês o quanto é importante para nós, que fazemos cinema, poder conversar sobre o nosso cinema e investigar os pontos que a gente traz para um filme, os personagens, a maneira que a gente desenha um produto cinematográfico. É muito importante que se possa contar com a forma de compreensão do que apresentamos, do público e de um público tão específico como vocês; isto para seria nós uma avaliação muito importante da nossa cultura, uma forma da gente poder observar a nossa realidade e particularmente, uma relação de melhoria da nossa qualidade de produtores, cineastas e realizadores, no sentido de concluir um filme e torná-lo mais próximo daquilo que é o motivo pelo qual todos nós trabalhamos que é poder nos relacionar como seres humanos cada vez mais. Basicamente, por enquanto era isso. Obrigada!

Vamos às questões que vocês gostariam de colocar.

Festim diabólico

*José Luiz Petrucci**

Agradeço o convite para participar deste evento, que tem uma abrangência nacional, numa merecida homenagem a Freud e à própria Psicanálise. A Freud, que pertence a um grupo muito pequeno de pessoas que, em toda a história da civilização cujas obras "viraram o mundo de cabeça para baixo". Foi Freud um homem da estatura de Galileu, de Darwin, daqueles poucos que realmente mudaram a maneira de ver as coisas. E à psicanálise: existem muitos vértices, muitas ciências que nos ajudam a entender o homem, mas sem a psicanálise seria impossível o entendimento que temos do homem e do mundo.

Quanto ao filme, centrei minha atenção no que me pareceu um permanente diálogo entre os personagens Brandon e Rupert. Em minha impressão este diálogo representa a linha de pensamento central do filme, que me falou de dois temas: a indução ao crime e a arrogância. Brandon, portador de uma personalidade psicopática, é presa fácil da indução à ação criminosa.

Apresenta-se no filme, na opinião do psicanalista, pelo menos deste psicanalista, a reprodução de um mito que Freud tomou dos gregos e o trouxe para a psicanálise, o mito de Édipo. Não no seu aspecto mais conhecido, o do parricídio seguido de incesto, mas em momentos anteriores do mito, quando Édipo ouve o Oráculo e ouve Tirésias. Usando aqui minhas palavras, disse-lhe o Oráculo: *vai, conquista Tebas e te torna Rei*; Tirérias, que por ser cego "olhava" para dentro de si e por isso sabia, lhe disse: *se lá fores encontrarás o desastre*. A arrogância, no entanto, impulsionou Édipo em direção ao crime.

---
*Membro efetivo e analista didata da Sociedade Psicanalítica de Porto Alegre.

Rupert me pareceu um homem dissociado, que tinha em si tanto o Oráculo quanto Tirésias: se foi, com a pregação de suas idéias, quem induziu ao crime, no fim se torna o grande acusador, o que descobre o crime cometido, faz o discurso moral e leva os criminosos ao castigo.

Podemos concluir falando algo Brandon. Sua personalidade é caracteristicamente do tipo que não tem acesso a princípios morais, um fator que o leva a não ter contenção: não consegue manter sua fantasia encarcerada no psíquico, a fantasia é de imediato realizada no mundo externo. Isto define sua arrogância. Além disso, segundo nos ensina Melanie Klein, o portador de uma personalidade psicopática não tem, como se pensava, um superego ausente, pelo contrário, este superego é extremamente tirânico, e faz com que o crime seja cometido porque necessita o psicopata gratificar a tirania do superego, na busca do castigo. Assim, ele próprio, Brandon, provoca Rupert para que este descubra o crime, revele a verdade, ao mesmo tempo em que tenta destruir o superego tirânico representado por Rupert, tentando matá-lo.

Em poucas palavras, foi o que pensei sobre o filme para estimular nossa platéia ao debate.

Obrigado.

MARNIE – CONFISSÕES DE UMA LADRA

*Henrique de Freitas Lima**

Gostaria de me apresentar. Sou Henrique de Freitas Lima, diretor de cinema, já dirigi alguns filmes, alguns curtas e dois longas. O último se chama *Lua de Outubro*, três anos atrás, que é um filme que daria uma boa discussão com a Sociedade Psicanalítica, e estou terminando um novo que vai estrear no início do ano que vem, que se chama *Concerto Campestre*. É uma produção grande, filmado aqui em Pelotas, uma adaptação para o cinema de uma novela do Luiz Antônio de Assis Brasil.

Em segundo lugar, já comentava com o Dr. Mauro, que é o nosso coordenador, com quem eu participei de uma matéria de rádio no início deste ciclo, que eu considero esta programação absolutamente fantástica, acho que foi, está sendo — vai acabar na semana que vem —, um dos grandes eventos do ano na área cultural em Porto Alegre. Eu acho que se soma àquelas coisas tradicionais até mesmo pelo tempo em que se desenvolve e pela variedade dos convidados. Fiquei muito honrado de fazer parte dela e fico satisfeito em saber que há programação para o ano que vem e que, talvez, alguns dos nossos filmes possam, como dizia o Dr. Mauro, fazer parte desta discussão. Acredito que o *Lua de Outubro* seja mais interessante para este tipo de discussão do que o *Concerto*. Mas, vocês saberão, até porque eu espero que assistam ao *Concerto Campestre*, já que o *Lua de Outubro* passa na TV e está nas locadoras.

Bom, especificamente sobre o que nos traz aqui, já que eu acredito que algumas pessoas já o fizeram em outros momen-

---
Cineasta e Licenciado em Ciências Jurídicas e Sociais.

tos como este e nós temos pouco tempo, não vou fazer nenhuma análise da obra de Hitchcock completa. Eu faço parte daquelas pessoas que dedicam a sua vida, com tudo que isto significa, a fazer filmes para uma audiência, um público muito grande de pessoas que gostam de cinema e cinéfilos, jornalistas, tradutores, arrozes de festa e todo o tipo de gente que gravita em torno do cinema e a importância que esta arte tem por somar todas as artes.

Especificamente sobre o nosso objeto de trabalho, foi muito interessante a exposição do Dr. Roberto. É uma prova evidente do que um filme pode gerar em quem o assiste. O cinema, sobretudo, é viver outras vidas, é poder se transportar, mesmo que a gente esteja vendo um filme aqui em condições que não sejam as ideais. Numa sala escura, numa projeção em filme, normalmente esta sensação é maior ainda, é mais intensa. Então eu vou fazer alguns comentários basicamente sobre o meu ofício, que é o ofício de cinema. Não está aqui o meu terapeuta, talvez para não encurtar nossa distância, digamos assim, terapêutica. Ele também é um grande amante do cinema.

Bom, este filme é de 1964, foi o que eu pude perceber pelos créditos. A minha mulher, que está aqui me prestigiando, é uma especialista em Hitchcock muito mais do que eu, e dizia que talvez seja o filme de inspiração psicanalítica mais evidente do Hitchcock. Ela, como já viu muitas vezes, talvez ache meio chatas de tão evidentes as coisas, mas eu creio que o Dr. Roberto soube buscar alguns aspectos que eu vou comentar mais adiante que, do ponto de vista de quem faz cinema, são bastante interessantes.

Hitchcock foi um cineasta que começou a trabalhar ainda na Inglaterra nos anos 30, ele é fundamental para a história do cinema, sobretudo pela linguagem que criou. A partir dele, tem um número enorme de diluições, variações e repetições sobre isto. Especificamente, eu quero destacar, porque é também o trabalho que eu gosto de fazer e que eu procuro fazer no cinema, o narrar bem. Quer dizer, a economia interna do filme, não só no roteiro, como na forma de filmar e na intenção de cada plano. Quando eu falo de plano é de cada segmento do filme, cada vez que a câmera liga e desliga é um plano e se organiza isto por meio da montagem.

Este filme, como todos os filmes de Hitchcock, não tem tempos mortos, cada plano leva para a situação seguinte, cada vez é uma surpresa. E isto é uma característica clássica de Hitchcock, também do cinema inglês, do cinema americano. Já aqui, alguma coisa muito brasileira, muito latino-americana, muitos tratam de reinventar a história do cinema com a pretensão que isto significa. Cada vez que a gente vê um filme como este diz *que bom é uma narrativa clássica e um filme bem narrado*. Este é espetacularmente bem narrado desde o início, quer dizer, a gente aqui, mesmo quem já viu, como diz o Dr. Roberto, vai ver uma vez e outra e as suas vivências vão fazer com que cada vez que ele o veja, o faça de forma diferente. Então, esta característica é clássica do Hitchcock, como outras coisas menores que a crítica dá tanta importância, como o fato dele aparecer nos filmes.

Outra característica importante dos filmes de Hitchcock é que, embora ele trabalhe com situações de ir revelando coisas, nunca é a questão principal saber quem é o assassino ou quem é a ladra, no primeiro plano do filme tu já sabes que a ladra é a Marnie, como o Dr. destacou aqui na sua exposição. E logo nós vamos começar, a saber, porque que ela faz isto e vão sendo colocados no decorrer do filme aquilo que o Dr. chama de sintomas e que em cinema nós poderíamos chamar de *flashes* da personalidade dela. Ele os vai usando de forma bastante clara num crescendo até levar à situação final, que é a catarse que vem a explicar tudo. E nisso há uma grande surpresa, ele conduz o espectador a achar que foi a mãe que na verdade matou o cara, e não foi, foi a própria menina como nós vamos saber no fim.

Uma coisa que eu queria destacar também, que é curioso hoje, passados quase 40 anos da feitura do filme, são alguns recursos de direção de arte, como cenários pintados. Vocês viram, devem ter percebido, como o porto, que o Dr. Roberto mencionou, é um cenário pintado de estúdio. Outro tipo de técnica que hoje parece até meio ridícula dado o avanço, são as *back projections*, imagens projetadas atrás da atriz quando ela está andando a cavalo ou quando eles estão no carro, que é uma coisa que hoje a gente percebe e que era uma técnica muito usada na época. Isto é uma coisa importante e que dá um certo charme para o filme também. Outra coisa que foi mencionada, que me parece importante, já que o Dr. Roberto se preparou muito bem para isto, de uma forma espetacular, eu diria, que é esta relação, que ele pode melhor do que ninguém falar, entre a novela que ele conseguiu e o que veio a ser o roteiro e o filme. Como ele não leu o roteiro, nós não temos condições de saber se o aporte do trauma é um aporte majoritariamente do roteirista ou de Hitchcock. Tendo a crer, Dr., que é do roteirista. Hitchcock, como a maior parte dos diretores, participa da redação ou escreve seus roteiros. Eu, particularmente, participo dos roteiros, mas sempre os divido com outras pessoas, e é sempre uma grande questão que dá muito debate. De novo vai haver na feira do livro, aqui do lado, um debate sobre esta relação cinema/literatura, de que forma se transforma, como chega ao cinema, o que se recria no cinema de uma obra essencialmente literária. Isto é uma grande polêmica no cinema, os dois últimos filmes que eu dirigi, até mesmo o *Concerto*, são adaptações de literatura e realmente é uma coisa difícil de fazer. É uma discussão tão interessante que a gente poderia ficar nisto eternamente.

Outra coisa importante que eu queria destacar é que esta nossa condição de diretor de cinema é, na maior parte do tempo, ao contrário do que as pessoas imaginam, bastante solitária. Há um monte de gente envolvida, todo o mundo se diverte e eu posso dizer para vocês que quem menos se diverte é o diretor. Porque a pressão é enorme, cinema é uma coisa extremamente cara, é uma relação intensíssima que dura um bom tempo. Nesta fase do *Concerto Campestre*, gostosa porque é só montagem, não tem mais aquele bando e as suas relações interpessoais, o dinheiro e aquela coisa toda que está sempre pressionando a gente. Do ponto de vista do diretor, no que se refere aos personagens, que é o que eu queria comentar, ele é Deus. Na verdade, Hitchcock, ao criar isto aí, mesmo que ele respeite a novela que deu origem ao roteiro, tem a responsabilidade final. Então, os personagens criados aqui neste filme, sobretudo os protagonistas, a Marnie, que foi tão bem colocada pelo Dr. é protagonista absoluta em relação ao personagem masculino, Mark. Isto é uma característica que se mantém nos filmes de Hitchcock. Por alguma razão, Dr. Roberto, talvez James Stewart tivesse com algum outro filme, ele chamou Sean Connery na época. A gente não sabe porque Sean Connery, com todo o seu charme desbordante, acabou fazendo este filme, mas o personagem dele, apesar desta característica de ser um zoólogo frustrado porque teve que assumir a empresa do pai, acaba se apaixonando. Ele era, sobretudo, um bom homem, aparentemente, como o são quase todos os personagens masculinos da obra de Hitchcock. É à mulherada mesmo que cabe fazer, cometer as coisas, talvez a gente pudesse ver o passado de Hitchcock para ver o porquê disto. Então, ele não sai do comum dos personagens masculinos dele.

Há alguns personagens aqui que estão bastante delineados também, que têm uma função fundamental. No caso de uma delas, me parece, é uma coisa um pouquinho mão pesada. É a cunhadinha Lil, fundamental na história, que é um personagem, no meu entendimento, um pouco duro. Por que eu falo duro? Porque se a gente coloca num filme um personagem, é bom inserir elementos que o coloquem em algum tipo de conflito para fugir à redundância. No caso dela, é uma cunhada que quer ficar com o ex-cunhado e pronto. Ela é absolutamente charmosa e fascinante, mas é perfeitamente previsível. A menina que é a vizinha da mãe dela também cumpre uma função fundamental. Além deles, há o personagem da mãe, Strutt, que é o primeiro cara que é roubado e que acaba tendo importância na história, e o pai de Mark.

Eu acredito, Dr. que da forma como é mostrado ao fim o trauma, realmente o que o diretor passa é que não havia intenção de estupro ali. Eu concordo, acho que não fica claro não há intenção de estupro, na verdade ela se assusta. Concordo com esta interpretação de que ela, como filha de prostituta, pelos gritos de prazer da mãe, achava seguramente que ela estava sendo torturada. O que me parece que é uma coisa bastante comum nas crianças, mas aí são vocês que entendem mais do que a gente disto. Embora, quando se faz um filme, sejamos obrigados a entender do que estamos falando. Eu acabo de fazer um filme que se passa na época das charqueadas, em Pelotas. Posso dizer que, depois do Mario Osório Magalhães, o grande especialista, talvez eu seja um dos que mais entende do assunto de charqueadas aqui no Rio Grande do Sul. Eu sou advogado de profissão, fui fazer cinema, e aí tive que entender de charqueadas. Então, nós somos psicanalistas amadores, porque cada vez que se constrói um personagem a gente tem de colocar os seus conflitos. Normalmente, há muitas intenções que a gente nunca pensou e que são descobertas em momentos como este aqui. Eu fiquei espantado, no bom sentido da palavra, com a pesquisa do nome do cavalo e todas as implicações que isto tem. Isto, acho muito difícil, considerando pela experiência que a tenho, que Hitchcock, ou seja, lá quem tivessem feito uma coisa tão perfeita. E aí o Sr. foi procurar a etimologia da palavra, isto é trabalho seu. Muito provavelmente, Furio fosse o nome de um boneco de Hitchcock, não tivesse nada a ver com o que o Sr. pesquisou. Nessas ligações que o Sr. fez dificilmente há uma intenção do diretor, o que apenas ressalta a magia que o cinema tem. Eu costumo contar uma ou duas anedotas sobre isto. Akira Kurosawa, que, vocês sabem, foi um grande cineasta, quando fez *Ran*, tinha uma cena específica de um batalha em que a câmera vem do céu e encontra o exército se aproximando. Diversos críticos afirmaram: "Que cena brilhante, por que o Sr. fez desta forma?" Ao que Kurosawa respondeu simplesmente que de um lado havia uma fábrica da Sony e do outro uma da Suzuki, logo só podia filmar assim. Isto acontece, é uma brincadeira, mas é real. Com isto, devolvo a palavra ao nosso auditório. Muito obrigado.

MARNIE – CONFISSÕES DE UMA LADRA: AS MÁSCARAS DE MARNIE

*Roberto Gomes**

1. INTRODUÇÃO

O cinema constitui-se numa nova forma de estudar a condição humana no contexto da psicanálise aplicada. Se o fizermos dialogar com a Psicanálise, com a finalidade de ampliar nossa compreensão do psiquismo e validar algumas de suas teorias, além de aprofundar a compreensão de um e de outro, estaremos acrescentando um campo a outros que influenciaram e ainda influenciam a Psicanálise, como a literatura, os mitos, a religião e a filosofia.

Freud, na sua ânsia de aproximar a psicanálise das ciências naturais, paradoxalmente recorreu e estimulou a leitura das religiões antigas, dos mitos e dos textos literários. O cinema não teve a mesma influência na época por não se ter intuído todo seu potencial futuro, sendo, agora, tarefa nossa reverter esse processo e integrá-lo como fonte para ampliar nossa compreensão da alma humana.

Marnie, confissões de uma ladra, dirigido por Alfred Hitchcock e baseado no livro homônimo de Winston Graham, é considerado um dos trabalhos mais enigmáticos daquele autor. Superficialmente, trata-se de uma história de amor perverso, cheia de lances de suspense, filmada em cenários que são, ao mesmo tempo, suntuosos e artificiais. Uma mulher elegante e jovem, Marnie (Hedren), é, concomitantemente, uma mentirosa, uma

---

*Membro efetivo, analista didata da Sociedade Psicanalítica de Porto Alegre.

ladra compulsiva e uma moça decente e frígida. Seu patrão, Mark (Connery), um viúvo "bem de vida", flagra suas falcatruas e tentativas de enganá-lo e, ao mesmo tempo, cai de amores por ela. Ele se torna obcecado por ela, que, no entanto, com suas artimanhas, consegue manter-se casta por algum tempo; ao mesmo tempo, o relacionamento torna-se progressivamente mais e mais sadomasoquista[2]. Apesar de Mark parecer ter prazer com seu suplício e das vãs tentativas dela de escapulir, ele acaba por entender que algo se esconde por trás do comportamento da amada e ajuda-a na catarse de uma situação traumática, que a direção do filme parece sugerir que será sua cura e a libertação de si mesma.

O próprio Hitchcock refere-se ao filme como a *história de uma menina que não sabe quem ela é. Ela é uma psicótica, uma ladra compulsiva e com medo do sexo e ao fim ela descobre por quê*. Afirma que, em termos de estilo, o filme aproxima-se de *Notorius*.

A simpatia que Marnie desperta no público é atribuída por Hitchcock a um possível 11º mandamento que existe em nós, uma espécie de instinto. Para Hitchcock, o mais surpreendente é que este *instinto* nos faz torcer pelo ladrão, nos leva a pensar em avisá-lo antes que ele seja pego e a desejar que ele seja bem-sucedido em seu intento. Trata-se, no entanto, de algo que só pode ser manifestado se as coisas não forem longe demais, tão longe, por exemplo, quanto um assassinato.

Com base nesses fatos, pretendo desenvolver minha tarefa através de um estudo sistematizado de cenas que vão paulatinamente esclarecendo a situação traumática. Nesse caminho, estudarei a personagem desde o início, ou seja, partirei da forma como ela se apresenta no início do filme (já adulta) até a cena originária de tudo (o assassinato, apresentado no final do filme) e, depois, reencenarei o caminho inverso.

---

[2] *Para termos e conceitos psicanalíticos, ver Zimerman (2001).*

Após, proponho uma interpretação a partir da concepção do duplo e de sua relação com máscaras, ambos referidos a fantasias de violação (e denúncia) do tabu, ou seja, das proibições que são impostas na vigência do que denominamos *complexo de Édipo*.

2. O FILME: MARNIE – CONFISSÕES DE UMA LADRA

Eu o vi pela primeira vez quando tinha 16 anos e o fiz por causa dos filmes do 007. Este era o primeiro filme em que ele (o Sean Connery) não apareceria como agente secreto. Quando, agora, vi o filme de novo, lembrava da história e da maior parte das cenas, mas a leitura que eu fiz foi completamente diferente da primeira.

O trauma como está apresentado no filme, não existe no livro. No livro, a mãe de Marnie (Bernice) mata seu bebê recém-nascido, filho de um de seus parceiros, e é julgada e absolvida pelo diagnóstico de depressão puerperal. Marnie só toma conhecimento disso após a morte da mãe. Então, deduzi que a história do trauma poderia ser uma construção do diretor. Embora também houvesse a possibilidade de a história do filme ser produto da adaptação feita pelo roteirista Jay Presson Allen, não consegui acesso ao roteiro. Sabendo da força com que Hitchcock sempre exerceu a direção, o trauma, como ele está concebido no filme, certamente é uma construção do diretor. Esta é uma primeira hipótese para discutir o filme, para o qual utilizarei um DVD com uma sinopse das cenas que reconstroem o trauma.

Cena 1 – O início do filme

Marnie aparece de costas, mala e bolsa com o produto de seu roubo e em seu disfarce de Marion Holland. O Sr. Strutt, seu ex-patrão, dá uma descrição apaixonada à polícia: morena, 1,65 m, 50 kg, manequim 40, pernas bonitas, sem referências, meiga, eficiente. Numa estalagem denominada *Red Fox*, ela se banha e transforma-se na loira, Margaret Edgar: cara limpa, roupas novas, denotando características obsessivas.

Ela enfeitiça, encanta, hipnotiza e muda literalmente de pele: uma mulher-bruxa que construiu sua própria tática de sobrevivência e sucesso — vencer num mundo masculino.

Trata-se de uma descrição para aguçar os sentidos do espectador, porque essa é a força da personagem: ela encanta, ela enfeitiça, ela utiliza esses atributos para manter os homens sob seu controle. Logo no início do filme, o diretor faz com que ela tire a pele: ela muda de pele, ela muda de roupa, ela lava os cabelos e se torna uma outra pessoa, Marnie. A precisão da descrição da personagem já nos coloca muito próximos de alguns sentidos que eu imagino nos permitam compreender o filme. Ela é uma raposa, ela é uma mulher-raposa, esta é a hipótese que eu vou sugerir, uma mulher que se transforma. E a idéia de ligar isso à Psicanálise é a seguinte: essa mulher que vocês estão vendo elegante, bem trajada, sóbria, discreta, como é que ela chegou aí? Nós vamos tentar ver como se construiu este personagem e como ele se transformou nisso que aparece no início do filme.

A seqüência vai aproximar Marnie de dois objetos: Fório, seu cavalo, e Bernice, sua mãe. Na pele desta que é sua verdadeira identidade, ela se aproxima primeiro de Fório.

Por que o nome Fório? As informações sobre o nome *Fório* podem ajudar na nossa compreensão. Por exemplo, *fores* diz respeito ao hábito de um animal fazer-se transportar por outro. A relação entre Marnie e seu cavalo passa a sugerir um modelo para suas formas de relacionamento, que vão se repetir com Mark, numa versão diferente. Ela e Mark são dois animais em luta.

Também parece ter sentido para o filme que *Fólio* ou *Folus* é um centauro ligado a *Kiron*. Os centauros eram entidades mitológicas metade homem, metade cavalo. *Kiron* e seu principal amigo, *Fólio*, destacavam-se pela bondade e pela sabedoria. Ao contrário dos outros centauros, eram mais civilizados e professores de heróis.

Fório também parece ter conexão com *Flógio*, um corcel filho das *Hárpias* com o vento. As *Hárpias* eram espíritos femininos que atormentavam malfeitores, especialmente os que haviam cometido um crime contra algum membro da família.

Esses significados podem muito bem ser relacionados com os conflitos que atormentam a alma de Marnie, por isso também podem representar aspectos da relação ambivalente da personagem com o pai-cavalo, e por conseqüência com os homens, e com a mãe-hárpia, e por conseqüência com sua identidade de mulher. A mãe é associada neste início à grande e artificial imagem do porto, às cantigas das crianças, a pular corda, e a chamar o doutor e a enfermeira.

CENA 2 — ENCONTRO COM A MÃE E A MENINA JÉSSICA NA CASA DA MÃE

Quando Marnie encontra a mãe com a menina Jéssica Cotton, palmas vermelhas desencadeiam grande ansiedade. Ela as troca por crisântemos brancos. Ao mesmo tempo, estabelece-se um tenso confronto com a mãe, que a avisa de que *homem e boa fama não combinam,* desconfiada que está por Marnie se apresentar com cabelos loiros, mote para atrair homens. Marnie ofende a mãe citando a Bíblia —*dinheiro atende todas as preces* —, aludindo à avidez desta por dinheiro. Os ânimos são serenados com um presente para a mãe: uma pele de raposa. O que acalma tudo é a conclusão de que *elas não precisam de homem*, restando uma impressão em Marnie — muito matizada pelo seu ciúme da mãe em relação a Jéssica — de nunca ter sido amada pela mãe.

Essa cena é o primeiro momento em que Marnie apresenta o que nós chamamos de sintoma. Esse sintoma se desencadeia quando ela vê as flores vermelhas. O diretor começa a nos mostrar que esta estrutura organizada, inteligente, tem fissuras na sua construção. Marnie apresenta sintomas e um sintoma extremamente inocente: afinal, qual é o problema de a pessoa ter preferências ou medos em relação a cores? Os sintomas psicológicos denunciam e escondem algo. Mas por meio do vermelho e das flores, por suas conotações possíveis, supomos que algo há de errado com Marnie.

A pele de raposa e ao mesmo tempo a mãe penteando os cabelos da menina Jéssica aludem a uma relação conflitiva e ambivalente entre Marnie e sua mãe: elas se identificam e se influenciam mutuamente, ou seja, uma faz a cabeça da outra desde longa data.

CENA 3 – PESADELOS: DORMINDO NA CASA DA MÃE

Marnie está na cama dormindo e tem um pesadelo, tipo sonho traumático de repetição. No sonho, ela grita pela mãe e diz que não quer se levantar, que está frio. Ouvem-se três batidas. Acordada pela mãe, balbucia: ... *é sempre quando tu estás na porta.*

Acrescentam-se aqui sintomas relacionados ao sono, à noite, ao quarto e à presença da mãe. Fica-se com a idéia de que alguma coisa ocorre à noite. É a noite que assusta essa menina.

CENA 4 – NO ESCRITÓRIO DA EMPRESA DE MARK

Marnie apresenta intensa reação ao derramar tinta vermelha em sua camisa. O vermelho agora aparece mais relacionado a sangue e ferimento. Logo após, no jóquei, a mesma situação irá se repetir. À medida que a relação de Marnie com Mark vai se aprofundando, vão-se acrescentando dados. A cena que sucede no escritório da casa de Mark é desencadeada por relâmpagos e raios provocados por um temporal, que apagam as luzes e deixam Marnie na escuridão na presença de um homem.

O que vai se delineando é que algo foi apagado e esquecido por Marnie, mas que permanece na parte inconsciente de sua mente. Este algo parece estar vivo e dá sinais de vida, insinuando-se por meio de sinais externos (sintomas) em sua existência ativa. É o que acontece num complexo quando ele é reprimido: ele é esquecido pela Marnie. Mas existem frestas pelas quais escapam dicas sobre o que está soterrado, e a dica que o diretor vai dando é que tem algo relacionado com o vermelho, com a noite, com a mãe, com o quarto de dormir, com a necessidade de levantar, com pessoas que brigam. Os sinais ou sintomas parecem fornecer pistas que instigam uma investigação psicológico-policial.

No entremeio para a cena seguinte, ficamos sabendo das pesquisas de Mark sobre animais predadores e comportamentos instintivos. Ele parece estar buscando equacionar as relações humanas e relacionar o comportamento da mulher com o dos animais selvagens. Tudo isso propicia uma aproximação e um envolvimento dela com Mark, culminando com um beijo que Marnie parece corresponder.

Na seqüência, Marnie tenta efetivar seu golpe, é pega e aprisionada por Mark. Defende-se desesperada, apresentando-se como órfã, com meias verdades e meias mentiras. Estabelece-se entre ambos um contrato em tudo semelhante ao contrato efetuado anteriormente com a mãe: ela está aprisionada por estar envolvida num crime, só que agora nas mãos de um homem. Resta-nos inferir que, à semelhança da mãe, também ele, por tentar ocultar os crimes de Marnie, passa a ser criminoso e ameaçado de prisão, como a mãe dela. Há nisso um misto de Pigmaleão, Hipomenes e Atalanta, de animal selvagem preso em cativeiro.

CENA 5 — CASADOS E EM LUA-DE-MEL NO NAVIO

Em sua lua-de-mel no navio (completamente vazio), todas as tentativas de aproximação do marido são rechaçadas com verdadeiro terror e todo tipo de ameaça: ... *se me tocar de novo, eu morro. Não posso, não posso*. Mark insiste para que ela fale sobre o problema, mas ela apenas retruca que não agüenta ser tocada por homens.

Mark acaba por ceder, dizendo que não vai tocar nela, procurando assim estabelecer um clima de confiança. Tal proposta não convence, e ele a toma a força. A reação de Marnie é de completa transfiguração: paralisa, sua fisionomia torna-se pétrea, indecifrável, como morta, mas entrega-se passivamente. Se, antes, reagia com voz de menina, agora está muda e gelada.

CENA 6 — MARNIE DORME E SONHA NO QUARTO DE SUA NOVA CASA

Dormindo, Marnie tem novos pesadelos com o vermelho, as batidas na porta, implora com voz de menina que a mãe não chore e queixa-se de frio. Mark assiste à cena e tenta acalmá-la. Isso leva a um confronto com Mark, que assume o papel de psicanalista. Ela debocha de sua tentativa e despreza suas atitudes. Mesmo assim, resolve falar do sonho, da mãe, das três batidas, mas cai no deboche: *you Freud, me Jane*.

Marnie é inteligente e confronta Mark: *Eu estou doente? Olhe para você: fixação patológica em mulher criminosa.* Mas permanece desafiadora e resolve aceitar o desafio de jogar com os sonhos e a livre associação. O resultado é outra cena de descontrole e regressão quando ela desafia Mark a fazer *as pernas paralisadas se erguerem* e ao se defrontar com as associações sobre sexo (masculino e feminino — Adão e Eva — João e Maria — *Bato nessa sua cara suja se chegar perto de novo*) e se alterando muito ao ter de associar sobre o vermelho, gritando por socorro. A questão da sexualidade assume uma posição mais visível.

Cena 7 – Caça à raposa

> Marnie e Mark participam de uma caça à raposa. Ela monta Fório, seu cavalo, e destaca-se na corrida. A visão da morte da raposa chacinada pelos cães, o sangue, o vermelho deixam Marnie em pânico, e ela se precipita em disparada no seu cavalo. Nessa corrida, ao pular um obstáculo, o cavalo cai, e Marnie tem de sacrificá-lo.

A caçada é fantástica, porque é, das cenas, a que mais se aproxima da cena traumática. Ali, a raposa é morta. É preciso observar que, durante todo o filme, a utilização de nomes de animais é muito sugestiva. É uma capacidade humana interessante esta de utilizar animais para denominar sentimentos profundos da nossa alma ligados a nossa natureza animal: *ô burro, ô cavalo, ela é uma leoa com os filhos, ficou brabo como um tigre*. Marnie, se eu fosse mudar o nome do filme, sem mudar o sentido, eu diria *Marnie— Confissões de uma raposa*. Uma raposa que se construiu em identificação com a mãe. Há uma cena em que é encenada essa identificação, que é a do presente da pele de raposa. Porque a mãe também era uma raposa. Isso aparece de forma mais clara no livro do que no filme, onde é apenas insinuado. A mãe tinha uma vida dupla —a prostituição da mãe era escondida, ela também tinha uma dupla personalidade.

Algo deve se dito sobre estes verdadeiros rituais de sacrifício que são as caçadas: nesses rituais, a identificação se concretiza pela ingestão do animal — repasto totêmico — por meio do que sua essência divina ou qualidades são incorporadas. O repasto totêmico e cerimônias equivalentes se reproduzem mesmo em religiões mais desenvolvidas, incluindo-se aí os ritos religiosos, como a comunhão, por exemplo (Flugel, 1931, p. 488).

Em religiões ou ritos (estamos incluindo aí a caça à raposa, na qual Marnie parece identificar-se com a caça, prenunciando a catarse que contém elementos totêmicos), o sacrifício de um animal e de um ser humano ou seu equivalente psíquico simbólico reatualiza impulsos canibalísticos, que são meras adaptações de rituais mais primitivos de mutilar inimigos mortos. Fantasias oral-canibalísticas fazem parte das fantasias que a criança tem sobre as relações sexuais entre os pais (cena primária). Sabemos que a inibição do canibalismo, a interdição do incesto e o enterrar os mortos foram seqüências necessárias para a concretização do processo civilizatório e a cultura, como já nos ensinou Freud.

Em *Totem e Tabu* (1913), Freud (*apud* Gomes, 2000, p. 70) discute as proibições de infringir o tabu (não matar o animal totêmico nem copular com pessoa do sexo oposto pertencente ao mesmo totem-família) como defesa contra nossas tendências criminosas inconscientes.

Isto vai se associar às conjeturas que pretendo fazer em relação aos efeitos psicológicos inerentes ao uso de máscaras e sua relação com o espelho de si mesmo (narcisismo) ou o duplo, sendo as máscaras entendidas como disfarce usado tanto para ocultar como para revelar o desejo de dar vazão ao que foi reprimido em relação aos pais na infância.

CENA 8 – CATARSE NA CASA DA MÃE

A mãe não acredita que a filha se casou e recusa-se a contar sobre os reais motivos de seu *acidente*. Mark confronta-a rudemente com os fatos (prostituição e crime) e ela o ataca aos gritos, precipitando-se sobre ele. Esta reencenação da cena traumática diante de Marnie precipita uma catarse alucinatória, com Marnie revivendo a **cena traumática**: o assassinato de um parceiro da mãe numa noite tempestuosa e fria.

A cena final é dramática e, ao mesmo tempo, apoteótica. Nesta seqüência vai ser revelado o que foi excluído da consciência de Marnie: um trauma real que ocorreu quando tinha aproximadamente 5 anos. Há duas possibilidades de leitura disso. Eu posso ter a leitura de que o trauma ocorrido determinou toda a dissociação e a conseqüente estruturação da personalidade de Marnie. Eu posso também conceber que o trauma já seja uma conseqüência da história pregressa de Marnie e que ele apenas se somou ao trauma real.

Assim, eu posso enfocar o trauma que esta menina teve como a causa de todos os distúrbios posteriores, ou posso enfocar este trauma dentro de um processo que já vinha ocorrendo com essa menina, provocado pelo abandono do pai, pelos vários homens entrando naquela casa, numa sucessão de eventos que culminaram com uma morte previamente anunciada, tragédia esta que tem sua fonte e origem na tragédia edípica que povoa e encena a mente de todo o ser humano: o conflito de amor e ódio em relação aos pais.

Este conflito tem sua fonte em impulsos amorosos e agressivos e é central para a compreensão da teoria edípica e pré-edípica. Ao mesmo tempo, ele nos alerta para o fato de que é preciso, quando pensamos o complexo de Édipo, lembrarmos tanto o aspecto sexual em relação aos pais quanto o que diz respeito à morte de ambos os pais (Gomes, 2000, p. 69).

A cena do trauma, ela denuncia várias coisas interessantes. Não podemos ter absoluta certeza de que aquele homem tivesse a clara intenção de provocar dano àquela menina. Ele pode ter vindo ali com pena da menina que chorava. Possivelmente, seja intenção de Hitchcock deixar-nos nesta dúvida e criar este impasse. Marnie, possivelmente, já nutria muito ódio pela relação da mãe com esses homens (no inconsciente, com o pai), relação que era, pela projeção de seu ódio, interpretada como agressiva. A ambivalência sugerida pela cena é tremenda.

A menina pode chamar a mãe —eu estou fazendo uma nova versão —apavorada porque odeia esses homens cavalos-centauros que vêm machucar a mãe, já que ela tem a idéia de que lá dentro está acontecendo uma coisa muito ruim. No entanto, pelo que se sabe, os clientes da mãe costumavam voltar, quer dizer, a mãe dava e sentia prazer nas relações.

Assim, nesta nova versão, a mãe ataca o homem instigada por Marnie e sai lesionada. A menina a defende e mata o homem. O que acontece neste momento? Em sua fantasia, a menina acaba destruindo a ambos, ao casal. O parceiro (pai-centauro mau) é morto e a mãe é presa por ter-se declarado culpada, assumindo, assim, a culpa e construindo um pacto secreto com a filha.

Com esta situação, paradoxalmente, Marnie também encerrou a carreira de prostituição da mãe e tem de pagar o preço. Ela tem de passar a sustentar a mãe, que perdeu a capacidade de sustentá-las. No livro, Marnie começa a roubar ainda criança e se torna uma especialista muito cedo, num total desprezo à figura masculina. A situação social das mulheres na época, a sobrevivência delas era duríssima. Marnie passa, então, a enfrentar os homens, não pelo sexo em uma versão mais próxima da genitalidade, mas numa versão mais primitiva: roubando. Ela ataca os homens na sua fonte de poder — representada no cofre que assalta e rouba. Ela não se entrega sexualmente aos homens como a mãe fazia. Ela os faz de bobos, ela os seduz, mas, numa estratégia para sobreviver, busca que todos os dias sejam o *dia da caça*. A sexualidade dela é uma sexualidade pré-genital. Ela excluiu o amor, o afeto e a genitalidade de sua vida e se tornou uma mulher que rouba e triunfa, diferentemente da mãe, para poder sustentá-la. A hipótese é que, para ela, ter relações sexuais seria o mesmo que tornar-se prostituta, se vender pelo sexo, como a mãe fizera com desastrosas conseqüências: sangue e crime.

E tem, como conseqüência, a relação dela com Mark, o personagem mais enigmático no filme e no livro. Ele estabelece com ela uma relação de tipo caça e caçador. Mas também há algo interessante que se relaciona com o nome do cavalo, *Fório* e *Foro* romano. A lei romana, na qual se baseia a nossa lei moderna, é muito curiosa quanto à questão de pagamento de dívidas. Marnie entra na empresa com o aval do próprio dono, Mark, rouba dele, é pega e não tem como pagar a dívida — ofensa. O direito romano previa, a respeito do direito do avalista quando o avalizado não honrava o compromisso assumido, sua detenção como escravo, para trabalhar até saldar o valor do compromisso (previa a punição do avalizado como escravo). Marnie é punida com o comprometimento de casar-se, submetendo-se ao que ela mais teme. Relacionar-se com Mark, de quem começa a gostar, pode representar risco de morte para ele ou para ambos. No livro, Mark se acidenta gravemente na perseguição do cavalo de Marnie em disparada na caçada.

Ao fim, Bernice revela o pacto que fizera de apagar aquilo da memória, única forma de se assegurar do perdão de Deus. Marnie reconhece o quanto a mãe deve tê-la amado, mas a confissão da mãe sobre os motivos de ter ficado grávida de Marnie são de dar dó: ... *como a tive? Billy: eu queria o suéter de basquete dele. Tinha 15 anos. Se eu deixasse, seria minha. Ainda a tenho comigo*. Sua promessa fora: ... *se Deus deixasse você ficar comigo sem lembrar, te criaria diferente de mim* (não puta), *sem homens, então*. Ao que Marnie replica de forma irônica: ... *é, sou decente... realizou o teu sonho, sou trapaceira, mentirosa e ladra*, insinuando que o acordo entre as duas não fora uma solução efetiva. A insinuação final de Marnie e Mark — ... *entre ser presa, prefiro ficar com você...* — e a resposta dele — ... *Prefere?* - mostra que a catarse não garante a cura. Esta interrogação de Mark a confronta com sua incapacidade de amar.

Na cena de síntese final procurei fazer o caminho inverso do filme: fomos da Marnie adulta até a menina de 5 anos. Agora vamos visualizar o caminho inverso da reconstrução: da menina Marnie de 5 anos até sua transformação em Marion Holland do início do filme. Este é o caminho da psicanálise, a viagem do analista com seu paciente no divã: ... *uma viagem, como a viagem da vida, com o prazer de passar os olhos sobre os fenômenos da própria vida ou de sua ficção vivida* (Gomes, 2001, p. 179).

3. Considerações sobre máscaras e o duplo

O filme também pode ser compreendido — na linha que me pareceu ser mais evidente no livro — como a sina e a saga de uma mulher órfã de pai e filha de uma *largada de marido*, como na concepção do poema *Marília e Marina* de Vinícius de Morais, pobre e sobrevivendo num meio preconceituoso, hostil e predador, numa sociedade consumista e selvagem, da qual se defende pelo ataque aos símbolos que lhe conferem sua identidade.

Marnie paga sua pena substituindo a mãe no sustento e luta pela vida. Para tal, adota uma máscara, forma de mulher assexuada, alternando comportamentos masculinos e femininos no mesmo personagem. Esta filha única de mãe largada de marido e pai ausente foi deixada prematuramente à sua própria sorte. Sua atividade ilegal mascara uma solidão pronunciada e cria uma necessidade profunda de uma mãe/pai tirânica que se ofereça como objeto de amparo e devoção cega.

Neste mesmo sentido, mas com a visão um pouco mais aguçada, o filme pode revelar-se como a história-motivo do "duplo". Há sugestão de duplicidade nos diversos personagens adotados por Marnie, ora sedutora, determinada, objetiva, calculista, furtiva, sagaz, carismática, selvagem (como associada à natureza dos animais por Mark), sarcástica e amarga, ora a Marnie com o Fório — este seu outro duplo afetivo, reminiscência do pai da infância — ou na presença da mãe, esta seu outro duplo, ambas na pele de raposa que compartilham e cúmplices em ocultar o passado. Há em tudo isso uma argumentação interessante em favor da rendição ao antigo motivo do duplo (*doppelgänger*).

Mark faz o papel do terceiro que identifica e reconhece os diversos personagens como parte da mesma pessoa. Neste reconhecimento, confronta-os e tenta decifrá-los, aproximando-os. A conseqüência desta reaproximação é a revelação do que Marnie tenta ocultar com essa dissociação.

Marnie é flagrada e aprisionada por um estranho, igualmente excitante e sedutor, um verdadeiro *hunter*, caçador, que a introduz em e propõe um novo modo de vida, agora consignado como uma vida separada da mãe, seu verdadeiro e primeiro duplo. Para tal, ele se vale de tema da tradição romântica antiga do cinema, mas também de um argumento baseado na tradição da lei romana: quem não honra suas contas, ou deve e não paga, é punido com a escravidão ao donatário da promissória.

O tema do "duplo" foi abordado de forma muito completa por Otto Rank. Ele penetrou nas ligações que o duplo tem com reflexos em espelhos, com sombras, com os espíritos guardiões, com a crença na alma e com o medo da morte. Para ele, a figura do duplo como forma de personificar o mal é um tema clássico na literatura e no cinema (Rank, 1914, p. 9).

Também Freud (1919) em *O estranho* refere-se ao duplo. Para ele, todos os temas da novela *O elixir do diabo*, de Hoffmann, dizem respeito ao fenômeno do duplo:

> *Assim, temos personagens que devem ser considerados idênticos porque parecem semelhantes, iguais. Essa relação é acentuada por processos mentais que saltam de um para outro desses personagens – pelo que chamaríamos telepatia –, de modo que um possui conhecimento, sentimento e experiência em comum com o outro. Ou é marcada pelo fato de que o sujeito identifica-se com outra pessoa, de tal forma que fica em dúvida sobre quem é o seu eu (self), ou substitui o seu próprio eu (self) por um estranho. Em outras palavras, há uma duplicação, divisão e intercâmbio do eu (self). E, finalmente, há o retorno constante da mesma **coisa** – a repetição dos mesmos aspectos, ou características, ou vicissitudes, dos mesmos crimes, ou até dos mesmos nomes, através das diversas gerações que se sucedem* (p. 292).

O duplo pode funcionar como uma segurança contra a destruição do ego, uma *enérgica negação do poder da morte*, como afirma Rank. Essa invenção do duplicar como defesa contra ansiedades primitivas é relacionada com a linguagem dos sonhos e as perversões. Para Freud, o mesmo desejo levou os antigos egípcios a desenvolverem a arte de fazer imagens (máscaras mortuárias) do morto em materiais duradouros.

Tais idéias teriam sua origem no narcisismo primário que domina a mente da criança e do homem primitivo. Em casos patológicos, o duplo torna-se dissociado do ego e manifesta-se em diversos personagens, como no caso de Marnie. O duplo adquire, assim, autonomia e independência, embora mantenha relação com estágios já superados dos primeiros anos. O duplo é, pois, uma criação de um estágio mental muito primitivo, há muito superado – convertendo-se num objeto de disfarces e denúncias de profundos conflitos internos.

As transformações de Marnie correspondem à realização de fantasias onipotentes e violentas de triunfo sobre os homens, vistos como predadores e caçadores das mulheres pobres e desprotegidas (raposas). Tais mudanças correspondem a aspectos dissociados na construção de sua própria personalidade, ou melhor dito, de sua *persona*, também a designação latina para *máscara*, o que nos liga ao segundo aspecto associado: *Maskharas*.

Máscaras têm sua origem em *maskhara*, que em árabe significa *falsificar ou transformar em animal*. No Egito, usavam *msk* para significar uma *segunda pele*. Máscaras — a forma mais antiga de mudar identidade e assumir uma nova pessoa — também se relacionam com o conceito de "duplo", uma vez que também revelam a coexistência de duas atitudes contraditórias (no ego), caracterizadas pela existência simultânea de organizações contraditórias de personalidade. O uso de máscara possibilitaria assumir a identidade do caráter representado na máscara (Grand, 1973, p. 447).

Este conceito de transformação de uma identidade em outra é da essência das máscaras. Fantasias ocultas podem assim manifestar-se, pois o indivíduo, através deste artifício, sente-se livre (com seu disfarce) para fazer o que quiser, sem nenhuma censura ou proibição ou impedimento ou crítica, numa verdadeira e deliberada reversão de todas as normas (Taylor, 1980, p. 512; Nunley, 1999, p. 30).

Classicamente, as funções das máscaras são classificadas segundo seus usos: (1) ritos de passagem; (2) festivais de renascimento; (3) homens travestidos de mulheres; (4) máscaras no teatro; (5) ofensa e defesa. Pretendemos acrescentar mais um, de violação e denúncia do incesto; compartilhando a criação do "duplo" para apropriação da prerrogativa de participar da relação dos pais na cena primária.

Podemos, por isso, considerar as máscaras como um artifício, um disfarce mágico que também pode funcionar para externalizar aspectos cindidos de organizações complexas da personalidade (Taylor, 1980, p. 517). Nos carnavais e nas comédias de arte. Nos rituais de iniciação e nas tragédias gregas. Nas viagens espaciais e nos esportes (como esgrima, futebol americano e *hokey*). Da Idade da Pedra, dos tempos paleolíticos (peles de animais), aos tempos presentes (Comando Vermelho, terrorismo encapuzado, ninjas, franco-atiradores), pessoas usam máscaras para acrescentar poder e mistério (este que nos interessará) à religião, aos combates ou batalhas. Usam-nas também no entretenimento, na espionagem, na maquiagem, na cirurgia plástica e na estética. No século XX, o uso das máscaras retornou ao teatro de Brecht, O'Neill e Julie Taymor. Até as máscaras da sociedade industrial para proteção no trabalho parecem ter derivado de armaduras medievais, como também as usadas para combate militar, competições esportivas e exploração espacial.

Enfim, o uso de máscaras também pode funcionar como uma defesa e como denúncia de intenções e desejos de participação na relação dos pais (cena primária), de intromissão, de interf(g)erência, uma forma de defesa contra a ansiedade incestuosa.

Em relação às transformações de Marnie, elas podem representar tanto um complexo conflituoso entre o desejo de ser envelopada pela mãe quanto um desejo de tornar-se livre dela. Fica difícil saber se ela se transforma para estabelecer um senso de identidade separada da mãe, ou se, sem máscaras, ela se aproxima e confunde-se com a mãe, num verdadeiro mimetismo. A verdade é que há um complexo jogo de identificações projetivas.

Seus sentimentos de abandono e solidão — que emanam, se relacionam, se originam de experiências infantis dolorosas e traumáticas — são aliviados quando ela muda, quando ela disfarça sua identidade por meio de suas múltiplas máscaras.

O uso de máscaras simboliza a sua recusa de reconhecer a realidade psíquica, a recusa de desejos e de culpas (constituindo uma forma de *refúgio psíquico*[3]). Elas podem se relacionar ao incesto, ao canibalismo e seus derivados primitivos, e ao sadismo, todos representantes da sexualidade pré-genital e realizados e relacionados às figuras do par parental.

Encontramos aí paralelos com o significado de esconder-se, como disfarce para propósitos escusos, esconder verdades, pensamentos secretos, anonimato, dando proteção para, entre outras coisas, quebrar regras. Máscaras que clamam por igualdade ou diferença. Este é um vértice a ser explorado no sentido já sugerido anteriormente (Gomes, 1999, p. 250), uma vez que o entendimento de que *eu não sou eu mesmo* é um conceito inerente à utilização de máscaras (Nunley, 1999, p. 30).

4. Discussão

Entre as várias possibilidades de enfoque estudadas — compulsão para roubar, frigidez, trauma real, cena primária, orfandade e exclusão social —, na terceira leitura do filme enfatizei o tema do "duplo", do disfarce, da máscara.

Ao retornar ao tema, já anunciado no início desta apresentação, qual seja, a mudança de pele do personagem, ou, se preferirem, a mudança de personalidade (no sentido de *persona* — máscara), considerei merecer sua reconsideração com alguns acréscimos que vou sugerir.

---

[3] *Os estados da mente referidos por Steiner (1993, p. 4) como refúgios psíquicos são experimentados como lugares de segurança nos quais o paciente pode encontrar refúgio da realidade e, conseqüentemente, da ansiedade e da culpa.*

Podemos conjeturar que, ao adotar outras personalidades, verdadeiros disfarces, Marnie se protege e se denuncia do crime cometido (protege-se escondendo-se da polícia e fugindo, e se denuncia repetindo os crimes compulsivamente, agora transformados em exploração e ataque ao cofre dos homens, símbolo de poder e controle sobre os outros). Trata-se de um crime que se constituiu como a violação de um tabu, cometido contra a cena primária. Embora o filme trate de um trauma real — uma morte real no caso —, ele se associa, na fantasia, a outras circunstâncias da infância de Marnie ou, se quisermos, de todos os personagens em que a violação das interdições do complexo de Édipo representa a sedução para ou a consecução da morte de um dos protagonistas — pai ou mãe — ou de ambos (tema atual em nossos periódicos e de grande repercussão junto ao público, culminando com a morte real, no caso, fantasiada em outras circunstâncias, de um dos protagonistas ou de ambos).

Ao retomar o tema do "duplo" para uma rápida análise, pretendíamos destacar o efeito que mecanismos psicológicos primitivos como a *identificação projetiva e a dissociação* têm sobre a organização da personalidade. Por tais mecanismos, podemos dividir partes da personalidade ou toda ela e projetá-las e até atuá-las. Tais mecanismos podem ser parte do desenvolvimento normal da criança (sou o super-homem, o homem-aranha, o Calvin e o Haroldo, os personagens do Bolinha detetive, o *Flying Cat*, as *máscaras da infância*), e, portanto, inofensivo, mas também podem se tornar patológicos e organizados.

Não nos distanciaríamos da verdade psíquica se afirmássemos que Marnie, com seus disfarces, exerce o seu duplo, se esconde de seus crimes, a cuja origem já nos referimos, e se denuncia, arriscando, pela repetição, ser pega e punida, o que realmente acontece com Mark, que percebe a dissociação e confronta as duas Marnies e, depois, mãe e filha.

Pois bem: no caso, me animaria a afirmar que a violação do tabu da cena primária — do incesto, da intromissão na relação dos pais — **se utiliza e precisa** de máscaras, tanto para ser realizado, como para encobrir seus efeitos, conseqüências e danos.

A isto me refiro por considerar que **uma** das interpretações possíveis para o grande fascínio do ser humano por disfarces, máscaras em geral, em todas as suas formas e derivações possíveis, encontraria aí fonte de alimentação. Constitui-se esta (a cena primária) também a fonte da utilização do duplo, desde o anjo da guarda e os incubos (*On the nightmares*), o gêmeo imaginário (*O homem duplicado*), os festivais e rituais religiosos de iniciação e fertilidade (*As brumas de Avalon*) e carnavais e orgias (*De olhos bem vendados*), até realizações científicas modernas (inseminação heteróloga e clones) e culturais (*tatoos, piercings* e *drag-queens*). Analisando, podemos revelar múltiplos significados simbólicos do objeto fetiche máscara, disfarce para penetrar no lugar da cena primária.

Ampliando essas considerações, penso que também esses empreendimentos modernos da humanidade (clones e inseminação heteróloga) guardam analogias de origem na realização do duplo, desta vez referendados pelos meios científicos. Achamos que a questão da violação do tabu do incesto (que em última análise é o desejo que é reprimido na cena primária e no complexo de Édipo) também deve ser lembrada quando se discute hoje o anonimato das fontes paternas nas inseminações heterólogas (propiciadores, portanto, do anonimato, do incesto), e na polêmica relacionada aos clones, em que irmãos clonados poderiam perpetuar por gerações a realização do secreto desejo do incesto, o que nada tem a ver com a imortalidade, mas com a realização de uma fantasia primitiva, sempre atualizada a cada nascimento. O borramento das diferenças, por meio da anulação das diferenças de origem e concepção, faz parte desta estratégia (*O homem duplicado,* de Saramago, alude a estes fatos — entre irmãos-clones).

A punição de Marnie é a esterilização — condena-se a não casar, não ter relações sexuais —, equivalente à castração do Édipo, ou seja, à cegueira que não permite a visualização da cena primária incestuosa. O *mea culpa,* nessas condições, nunca será realizado, e o refúgio na onipotência, o único caminho, como o fim de Édipo, em Colona.

5. Conclusão

Formulamos as hipóteses de que as divisões de Marnie, que também servem ao propósito de constituírem disfarces, permitem a coexistência de organizações conflituosas incompatíveis de sua personalidade.

As múltiplas máscaras que ela adota tornam visível ou tentam manifestar suas identidades, seus duplos. Suas máscaras são efeitos visíveis quando ela se transforma e se torna outra mulher, uma ladra, uma frígida mentirosa, embora sempre permaneça ela mesma, apesar do disfarce adotado que a faz triunfar sobre os homens.

As máscaras-fetiches que adota pretendem externalizar aspectos divididos do seu **eu**, com o que Marnie adota o caráter representado pela máscara e, assim, exercer o papel duplo.

Não pretendemos neste trabalho revisar os temas das máscaras e do duplo, suas origens e funções, mas mostrar que eles podem ter uma relação entre si. Além disso, podem também proteger e disfarçar, esconder e denunciar, propiciar e retardar-postergar ou inibir por deslocamento a sedução ou o crime edípico.

Marnie, por esses mecanismos, oscila entre uma mulher poderosa e fálica e uma menina humilhada e desprotegida: é vítima e algoz, caçadora e caça.

Pelos disfarces e máscaras (constituindo verdadeiros refúgios psíquicos), atua fantasias com o objetivo disfarçado de anular-esquecer e revelar-resolver traumas infantis mediante sua repetição.

A cantiga infantil ao final parece denunciar e revelar essa mesma fantasia:

...mamãezinha me sinto mal
chame o médico lá no quintal
chame a enfermeira...
chame a moça da linda pulseira...

6. REFERÊNCIAS BIBLIOGRÁFICAS

FLUGEL, I. (1931) Some psychological aspects of a fox-hunting rite. *Int. J. Psycho-Anal.*, 12:483-491.

FREUD, S. (1913) *Totem e tabu*. SEB, v. XIII.

―――――.(1919) *O estranho*. SEB, v. XVII.

GOMES, R. (1999) Inveja e diferença. *Revista de Psicanálise*, 2: 237-254.

―――――.(2000) Violência e crime: o vértice da psicanálise. *Civitas*, PUCRS, 2:67-78, dez. 2001.

―――――. (2001) Psicanálise e Literatura ou Hipomenes e Atalanta. In: MASINA, L.; CARDONA, V. (orgs). *Literatura comparada e psicanálise: interdisciplinaridade e interdiscursividade*. Porto Alegre: Sagra Luzzatto, 2002.

GRAHAM, W. (1878) *Marnie*. London: Chapmans Publishers, 1992.

GRAND, H. (1973) The masochistic defence of the 'double mask': its relationship to imposture. *Int. J. Psycho-Anal.*, 54:445-454.

JONES, E. (1949) Incubus and incubation. In: -. *On the Nightmare*. London: The Hogarth Press

NUNLEY, J. (1999) Masks: prehistory and origins. In: NUNLEY, J.; MCCARTY, C. (orgs). *Masks, Faces of Culture*. New York: Harry Abrams Publishers, 1999.

RANK, O. (1914) *A dupla personalidade*. Rio de Janeiro: Mariza Ed., 1934.

SARAMAGO, J. (2002) *O Homem Duplicado*. S. Paulo: Companhia das Letras.

STEINER, J. (1993) *Psychic retreats*. London: Routledge.

TAYLOR, G. (1980) Splitting of the ego in transvestism and mask wearing. *Int. R. Psycho-Anal.*, 7:511-520.

ZIMERMAN, D. E. (2001) *Vocabulário contemporâneo de psicanálise*. Porto Alegre: Artmed.

ZIMMER-BRADLEY, M. (1982) *As brumas de Avalon*. Rio de Janeiro: Imago, 1987. V.1.

Frenesi: A última batalha de Alfred Hitchcock

Tabajara Ruas*

Frenesi é um filme especial na longa filmografia de Alfred Hitchcock porque é um desafio pessoal. Ele já era um homem velho e sabia que tinha poucos anos de vida pela frente, e também poucos filmes para fazer. (Na verdade, fez apenas mais um, o malsucedido *Family Plot*). Ou seja, estava no fim da carreira e ainda não tinha convencido todo mundo de que não era mero artesão com múltiplas habilidades, mas um autor especial, um artista.

Na verdade, só Alfred achava que não tinha convencido todo mundo. A academia o ignorava (desde *Rebecca*, em que o Oscar foi para o produtor), mas a academia também ignorou Chaplin e Orson Welles. O grande problema é que os produtores começavam a fugir dele. A última coisa que preocupa o produtor é se o diretor que ele paga é um artista ou um artesão. Seus últimos filmes não atraíam mais grandes públicos nem comoviam a crítica, mas só um tolo muito enfatuado poderia ignorar a força criativa do mestre inglês. Nas décadas de 1950/1960, a Época de Ouro, a época de *Janela indiscreta*, *Psicose*, *Um corpo que cai*, *Ladrão de casaca, Os pássaros* e *Intriga internacional* estava longe e, ao que parece, definitivamente enterrada.

Era então chegada a hora de dar uma virada de rumo, fugir de Hollywood e dos grandes astros, voltar a Londres e ao princípio de sua história. Começar de novo.

Já fizera isso com *Psicose* e conseguira uma guinada na História do cinema. *Psicose* era um filme de terror com uma sutil

---
*Cineasta e escritor.

tristeza que fazia a diferença dos outros filmes de terror. Mas o terror é popular. Em *Frenesi* não há terror, mas a teia gradual do suspense, que nos enlaça e invade de uma tristeza quase inexplicável. É um filme admirável, como quase todos os que Alfred realizou. Mas não o tirou do fundo do poço, não se transformou num sucesso, não foi aplaudido com entusiasmo. E isso é previsível porque é um filme em surdina. As vidas são em surdina, os ódios e as pequenas traições, as ambições são pequenas e em surdina. O próprio *serial killer* é uma besta desumana menor, sem o brilho desses assassinos sofisticados do cinema industrial. E tudo isso, esse retrato da classe média londrina, sem alarde, dá a dimensão estética do filme e é talvez a resposta que Alfred buscava para dar aos que não o entendiam. Ele é o cineasta do medo e do estranhamento, apesar do humor e de certo glamour da sua Época de Ouro, mas é a sua disfarçada tristeza que estabelece a dignidade de seus filmes mais bem-sucedidos.

Na minha infância eu fui impedido de assistir *Rebecca, a mulher inesquecível* pela vontade de uma tia piedosa que repetia várias vezes, "esse é um filme para quem quer ficar triste". Ela me defendia da tristeza me oferecendo a primeira experiência de censura e aguçando a curiosidade para o sentimento pernicioso que aquele filme exalava, do qual eu tinha que ser salvo. O cinema de Hitchcock já invadia aquela família de classe média da cidade da fronteira, e na modorra da sala de jantar já servia, para o menino, o estranhamento do mundo na conversa reticente dos adultos.

As primeiras imagens de Hitchcock que eu vi foi uma rua sombria em preto e branco, com placas de sinalizações apontando uma suspeita direção. Aquele era um filme para quem quer ficar triste. A tristeza grudava na gente, porque o padre Montgomery Clift ouvira a confissão do assassino e tinha de calar por conta dos votos que fizera, e a paroquiana Anne Baxter, filha do assassino, torturava o coração do padre e dos homens na platéia com seus olhos claros e profundos. Era o subestimado *A tortura do silêncio* e que continua após 50 anos a entristecer as platéias. Como o jovem e bonito padre, nenhum homem da platéia agarraria em seus braços aquela mulher doce, exalando sexo e desejo. E todas as mulheres sentiriam a mesma coisa. Há uma dignidade triste nesse filme, e acho que é isso que esse diretor inglês, gordo e melancólico, tentou passar ao longo de sua obra. Por algum motivo, formação religiosa, obrigação contratual ou convicção íntima, os maus e desonestos são invariavelmente punidos nos seus filmes. Embora isso, seus filmes se destacam enormemente da produção média dos grandes estúdios, aos quais serviu toda a vida. O mundo de Alfred Hitchcock não é tão simples como aparece na indústria americana, mas também não é tão horrível para que nos faça desistir da vida e de uma comedida dose de esperança.

FRENESI (1972)

José Carlos Calich*

Esta é uma versão do comentário ao filme *Frenesi*, de Alfred Hitchcock, escrita após aquele realizado no Ciclo "Freud: Releituras", em 2/11/2002, acrescida de alguns elementos surgidos no próprio debate.

É sempre uma tarefa complexa a de propor interpretações (e principalmente entendimentos psicanalíticos) para situações diferentes daquelas de um tratamento, quando o que é vivido na relação entre psicanalista e paciente forma a base de onde são criadas essas interpretações. Fora desse contexto, o número de variáveis é muito grande, os vértices são inúmeros, alguns deles muitos polêmicos e aquilo que se desconhece tende a predominar sobre o que pode ser emocionalmente aproximado.

No caso de um filme, por exemplo, por que foi feito? Que tipo de trama é proposta? Quais as intenções e motivações realistas? E quais são inconscientes? O filme veicula elementos inconscientes de seu diretor? De seu autor? Ou do grupo que o redigiu? Em que medida? De que maneiras? Através do conteúdo da trama? Ou de sua forma? É na relação do diretor com os personagens do filme? Ou na relação com os espectadores? Em ambas? A trama vivida pelos personagens é "psicologicamente coerente"? É possível imaginar as motivações dos personagens, além do que é exposto no filme? São algumas das questões sempre presentes, muito debatidas na literatura tanto cinematográfica como psicanalítica, e de lembrança sempre necessária para que tenhamos presentes os limites possíveis para um comentário. Este, ao meu ver, deve ser encarado como um exercício cultural, intelectual e,

---

*Membro associado da Sociedade Psicanalítica de Porto Alegre.

fundamentalmente, prazeroso, ainda mais quando acompanhado de pessoas da qualificação dos que compõem essa mesa.

Os filmes de Alfred Hitchcock já foram todos amplamente discutidos nos mais diferentes fóruns. Gostaria de iniciar o meu comentário com um contraponto, aproveitando algo publicado que me parece ligado ao que expus acima, e que auxilia a aproximar o ângulo que gostaria de privilegiar hoje:

O biógrafo bastante conhecido e conceituado, Donald Spoto, autor de dois livros sobre Hitchcock (*The Art of Alfred Hitchcock: Fifty Years of his Motion Pictures*, Bantam Books, 1992, e *The Dark Side of the Genius: The Life of Alfred Hitchcock*, Capo Press, 1999), afirma que neste filme, *Frenesi*, é onde Hitchcock mais mostra sua própria psicopatologia, sua própria doença, na medida que expõe alguns aspectos sádicos explícitos, mostrando coisas que nunca tinha mostrado, com violência explícita, além de sua misoginia (ódio ou aversão às mulheres) sempre presente em sua obra. De fato, a filmagem da cena do estrangulamento e da cena da tentativa de pegar o alfinete de lapela, na mão de uma das vítimas de Bob Rusk (Barry Foster), são incomuns para a época e, mesmo para os dias atuais, são longas e detalhadas, num realismo surpreendente.

Será isto expressão do sadismo do ilustre diretor? Será isto expressão de sua misoginia? Hitchcock foi casado durante praticamente 60 anos com uma única pessoa, também ligada ao cinema, que o acompanhava de uma forma muito próxima. Casou-se com 22 anos e morreu aos 81. É claro que seria necessário o conhecimento de muitos detalhes desse casamento, para dizer algo de forma mais consistente, mas não é o comum que uma pessoa que tenha ódio ou aversão (conceitos fortes) às mulheres, persista tão longamente com uma única. Mas este não é o ponto central para o meu comentário e imagino que o biógrafo tenha muitos outros elementos para uma afirmação desta importância.

Tomemos as cenas de violência explícita. Estamos bastante acostumados a ver cenas assim denominadas, no cinema contemporâneo. São cenas intensificadas, repulsivas que, quando alongadas são suportadas somente por um tipo específico de platéia. Não ouvi qualquer comentário de algum espectador que não tenha tolerado as cenas de *Frenesi*. Ao contrário, na primeira cena, a do estrangulamento o que mais chamou minha atenção, como já disse, foi o realismo, e não o exagero. Muitos detalhes (não intensificados, apenas expostos), olhares, as posições de braços, pernas, rosto e língua, inclusive pequenos acidentes ou obstáculos, mantidos prolongadamente em cena. A angústia do espectador inclui, no meu entendimento, o saber se a cena será cortada ou deixada ser assistida até o fim. É ele quem quer ver a cena e penso que há um jogo planejado com o sadismo inconsciente (não necessariamente patológico) de quem assiste.

A longa cena de recuperação do alfinete de lapela é tragicômica. Os detalhes, ainda que a cena não seja cotidiana, são perfeitamente comuns. Dificuldades com o espaço, com as posições, obstáculos, a rigidez cadavérica, até que, finalmente, depois de vários minutos, a solução, o desfecho.

Hitchcock disse, numa de suas frases celebres, que o "suspense não é a manipulação de material violento, mas sim a dilatação de um período de tempo, a ênfase no que faz o coração bater mais depressa". E também, que "não há nenhum terror no estrondo, só na antecipação disto". Todos sabemos que a própria palavra suspense está ligada a retardo, reticência e expectativa.

Frenesi não é um filme de mistério, é um filme de suspense. Não é uma trama para ficar em dúvida sobre quem é o assassino ou os motivos do assassinato. Nos primeiros 10 minutos de filme todo o mundo já sabe quem é o assassino e a problemática do assassino. Então, qual a natureza deste suspense?

Poderia ter algo relacionado à personalidade do personagem perverso do filme? Sobre porque ele mata mulheres? Misoginia? O que ele representa dentro de todos nós? São coisas que se pode questionar, até porque é algo centralmente "denunciado" no filme, como disse Tabajara. O padrão *serial killer* de matar compulsiva e sistematicamente, com os mesmos rituais tem inúmeros estudos a respeito. A psicopatologia muito provavelmente foi cuidadosamente estudada por Hitchcock e é explicitada pelo detetive ao explicá-la a um de seus auxiliares.

Podemos fazer algumas elucubrações. Por exemplo, Bob poderia ter uma "fixação" na mãe: proporcionalmente, ele fala muito na mãe; destaca fotografias da mãe; nas poucas frases que ele diz sobre a mãe, dá a entender que a mãe é uma pessoa idealizada e que também o idealiza (naquele instante em que ela aparece). Esta dupla idealização: o conjunto formado pelo perverso idealizando a figura materna e a mãe do perverso idealizando o filho faz parte do mundo inconsciente de um tipo de perversos. Mas, no meu entendimento, a grande tensão do filme não está propriamente na exposição do *serial killer* e nem em sua problemática infantil que sequer tomamos conhecimento através do filme.

E, se Hitchcock estudou o assunto, não estará tudo isso colocado propositadamente no filme? Se assim, com qual propósito? Qual é função desse personagem no filme?

Para nos aproximar desse assunto, eu gostaria de destacar o fenômeno da dissociação na perversão sexual, que aparece com clareza no filme. O personagem inicialmente comum, com vários aspectos do "homem médio", tem um "lado escondido" o que favorece nossa identificação inicial. Hitchcock em seus filmes expõe e utiliza com maestria, inúmeras facetas do "escondido", contrapostas a aquilo que é manifesto na alma humana. E com isso vai fazendo um jogo com a platéia.

A condução do filme me parece toda voltada para isso. De imediato, ele apresenta o personagem Richard Blaney (Jon Finch) como uma pessoa muito comum, aliás, o filme é cheio de personagens essencialmente comuns, do cotidiano. São pessoas que se poderia encontrar na rua, é a Inglaterra do dia-a-dia. Algumas cenas, inclusive, parecem filmagens de rua. Esse conjunto favorece a identificação com os personagens.

Na seqüência, apresenta-o como um injustiçado: ele gosta da garçonete com quem ele trabalha e a quem trata bem. O chefe, o dono do bar, despede-o. Progressivamente, vamos tomando seu partido, ficamos simpáticos a ele. As injustiças crescem e ele vai parecendo indefeso. Elementos que facilmente despertam simpatia. O outro personagem, Bob Rusk, vai assumindo um crescente papel de vilão. No início aparenta ser uma boa pessoa, apresentado como cordial, parecendo respeitoso, preocupado com valores e amigo, evolui na trama para alguém falso e cruel de quem vamos ficando com cada vez mais distância, menos identificados, com mais necessidade de dizer a nós mesmos que somos diferentes dele. Queremos esconder nossa identificação, dissociá-la. O apogeu deste distanciamento se dá no momento da traição, da delação à polícia. De certa forma, queremos ser Dick e podermos sentir a traição de Bob como justificativa de nossa dissociação.

Estamos então diante de uma angústia específica: *Vamos conseguir livrar o "Richard/nós mesmos" da culpa ou não vamos?*

Na penúltima cena, quando o detetive entra no quarto do assassino flagrando Richard com a arma do crime na mão, ao lado do corpo, temos essa questão quase explicitada. O que poderia nos ocorrer? quando tudo já estava bem ... agora estragou o filme, não vai ter final feliz, não vamos livrar "Richard/nós mesmos", vamos ficar com a angústia. Se livrarmos o bom sujeito, se conseguirmos separar os bons e os maus sujeitos até o final do filme, inocentando o personagem, inocenta-se a pessoa que está assistindo e há o alívio da angústia. E esta trama com o espectador, criada por meio de um fascinante jogo estético, é, no meu entender, o grande centro do filme. Representa um funcionamento mental habitual com que nos defendemos da angústia e quando utilizado em excesso, é causa de importantes transtornos em nossa vida mental.

Há inúmeros elementos acessórios que trabalham cuidadosamente a dissociação. Por exemplo, a relação do inspetor Oxford (Alec McCowen) com sua mulher (Vivien Merchant) que foi alvo da curiosidade da platéia. Penso que, além de veicular os elementos intuitivos do filme, ligados à feminilidade, num contraponto ao racionalismo inglês (como proposto pelo coordenador da mesa, Dr. Sidnei S. Schestatsky), está também presente o contraste entre uma relação perversa, destrutiva (a de Bob com as mulheres) e uma relação imatura (a do inspetor com sua esposa), em que os elementos amorosos predominam. O próprio personagem do inspetor chefe, supostamente poderoso, dominado pela esposa, e preso num sistema infantil de esconder o desgosto pela comida, cuspir no prato e falar com a esposa como um "menino não comportado" (expressão de Mrs. Oxford) é uma figura contrastante.

As várias cenas de humor negro (um "contraste" em si mesmo) e ironia são outro exemplo. O filme começa com uma situação assim. Um político, a beira do Tamisa, fazendo um discurso sobre ecologia, dizendo que o Tamisa agora está completamente limpo e aí aparece um corpo boiando. Ao fim desta cena, o próprio político pergunta: *mas aquela não é a gravata do meu clube?*, ou seja, *essa sujeira não me pertence?*

Assim, Hitchcock nos coloca cuidadosamente no papel que eu acho que é muito interessante poder pensar do ponto de vista psicanalítico. Porque ele nos coloca não no papel de observador, não de um espectador isento de sentimentos, maus e bons. De certa forma somos cúmplices, queremos ver, rimos em momentos trágicos, toleramos e exercemos mentalmente o sadismo, ao mesmo tempo em que nos livramos dele. Habilmente nos coloca dentro da cena perversa, identificados com todos os personagens, passivos e ativos, fortalecidos e enfraquecidos, os excluídos e os injustiçados. Esse exercício identificatório que repete a aquele que dá origem à construção de nossa identidade e vida mental, que chamamos portanto, de cena primária ou originária é essencial à arte do cinema e magistralmente dominado pelos grandes diretores.

Então, será expressão da psicopatologia de Alfred Hitchcock ou de um cuidadoso trabalho perfeitamente consciente, voluntário,

FRENESI (1972)

planejado, pensado com muita técnica e conhecimento dos sentimentos e reações humanas? É mais explícito do que os filmes anteriores? Talvez porque Hitchcock estivesse num momento de precisar causar impacto. Não por sua psicopatologia, mas quem sabe, porque fazia quase 10 anos que ele não tinha um filme de sucesso. *Cortina Rasgada* (1966) e *Topázio* (1969) foram considerados filmes fracos e com baixo resultado de bilheteria. Hitchcock volta para a Inglaterra, aplica com exatidão sua fórmula e na última cena, finalmente, ele livra o personagem, e todos nós saímos aliviados. Afinal, nenhum de nós é dado a esse tipo de frenesi.

Parte III

Trabalho premiado
Freud: Releituras Brasileiras
2002/2003

*Este trabalho foi selecionado por uma comissão
de profissionais, sob a coordenação de Anette Blaya
Luz e Luiz Carlos Mabilde, da Sociedade
Psicanalítica de Porto Alegre.*

APRESENTAÇÃO

O trabalho publicado nas próximas páginas, de autoria do Dr. Paulo Henrique Gomes de Seixas intitulado "As pulsões e a aventura do ser e do acontecer" é o vencedor do Prêmio Freud: Releituras Brasileiras — ciências.

A Associação Brasileira de Psicanálise (ABP), juntamente com suas federadas no Rio Grande do Sul — Sociedade Psicanalítica de Porto Alegre (SBPPA) e Sociedade Psicanalítica de Pelotas (SPPel), criaram o concurso a esse Prêmio, como parte do importante projeto cultural Freud:Releituras Brasileiras. O Prêmio, lançado em setembro de 2002, visava a divulgação da obra de Freud, bem como se constituía num estímulo à leitura e a escrita de trabalhos a respeito da obra freudiana.

Foi constituída uma comissão julgadora, formada por representantes da ABP, SPPA, SBPPA e SPPel, que, de forma absolutamente anônima, julgaram os trabalhos quanto à qualidade dee seus conteúdos e formas.

O trabalho do Dr. Paulo Seixas preencheu com profundidade e elegância todos os quesitos avaliados pela comissão julgadora e recebeu como premiação o convite para ser publicado nesse livro.

AS PULSÕES E A AVENTURA DO SER E DO ACONTECER

*Paulo Henrique Gomes de Seixas**

INTRODUÇÃO

Por que ler os clássicos? Eis uma questão posta pelo escritor Ítalo Calvino e que também é titulo de um dos seus livros. Dentre os motivos apontados é ressaltado que se um clássico atrai uma onda incessante de discursos críticos sobre si, é também aquele livro que quanto mais pensamos conhecer mais se revela novo, inesperado e inédito (Calvino, 1993).

Este breve ensaio, centralizado na clássica teoria freudiana das pulsões, procura chamar atenção para o fato de que, conquanto a temática das pulsões seja de interesse fundamental para a teoria psicanalítica, constituindo-se mesmo na sua parte "mais importante embora, ao mesmo tempo, a menos completa" como consta na nota de rodapé acrescentada em 1924 ao texto "Três Ensaios sobre a Teoria da Sexualidade" (Freud, 1905, p. 171), seu alcance extrapola o âmbito específico da teoria psicanalítica, fustiga outras áreas do conhecimento e questiona estabelecidos pilares e veneráveis referenciais da história do pensamento humano. Segundo Assoun, "a verdade é que a psicanálise está implicada na multiplicidade dos campos — que nela encontram um 'interesse' e cujas certezas ela 'desarticula'" (Assoun, 1990, p. 31).

As reflexões que se seguem, dentro das limitações que se impõem, procuram ressaltar a abrangência do tema mediante breves

---

*Médico psiquiatra, mestre em Filosofia pela Universidade Federal do Rio Grande do Sul.

associações com alguns referenciais filosóficos, embora esteja longe das suas pretensões e possibilidades ser considerado como um ensaio sobre Filosofia. Ao longo das associações e no fluxo das idéias que o autor se permitiu, são rapidamente lembrados os pensadores pré-socráticos, é ressaltado o contra-ponto freudiano com a teoria do *Cogito* de Descartes e, finalmente, um breve esboço que, na realidade, soa mais como um lembrete para o próprio autor, de uma instigante aproximação entre o pensamento de Hegel e o pensamento de Freud.

Será utilizado, ao longo do texto, o termo pulsão como correlato do termo alemão *Trieb*, que "evoca a idéia de uma força poderosa e irresistível que impele ou impulsiona" (Hanns, 1996, p. 339). Apesar da tradução oficial de *Trieb* como Instinto, há um consenso generalizado em associar *Trieb* com pulsão e reservar a palavra instinto para caracterizar o comportamento animal fixado hereditariamente, determinado e invariável.

O conceito de pulsão será enfocado na sua generalidade, ou na sua inespecificidade, e enfatizado seu impacto em relação a alguns paradigmas do pensamento vigente. O termo *libido*, usado eventualmente, tem estreita vinculação com o conceito de pulsão ou, como diria Freud: "(libido) é um termo empregado na teoria dos instintos (pulsões) para descrever a manifestação dinâmica da sexualidade" (Freud, 1923a, p. 308).

A obra freudiana não se constitui apenas uma teoria do funcionamento psíquico. Seu abrangente projeto procura responder a uma questão mais fundamental que seria a própria razão de ser da existência da organização psíquica, a pesquisa do seu *subjectum*. E aqui reside a importância da teoria pulsional no âmbito da metapsicologia freudiana. Preocupado desde o inicio em incluir a psicanálise no rol de uma ciência natural (*Naturwissenschaft*), conforme cita no Projeto para uma Psicologia Científica, de 1895: "a finalidade deste projeto é estruturar uma psicologia que seja uma ciência natural" (Freud, 1950, p. 395), Freud sempre procurou assegurar o pressuposto da inter-relação somato-psíquica, e esta parece ter sido a primeira questão que a teoria pulsional tenta responder — a pulsão seria o elemento de ligação, o fator intermediário, entre a mente e o corpo, ancorado em princípios naturalmente (biologicamente) determinados.

No texto "Três Ensaios sobre a Teoria da Sexualidade", de 1905, aparece o termo *Trieb*, traduzido como instinto, e os conceitos a ele associados: *Quelle* (fonte), *Ziel* (objetivo), *Objekt* (objeto) (Freud, 1905). É, entretanto, em 1915, com a obra intitulada *Triebe und Triebschicksale*, traduzida como *Os Instintos e suas Vicissitudes*, que o conceito aparece mais nitidamente definido, e a noção de *Trieb* passa a ser entendida como um "composto" de quatro elementos: fonte (*Quelle*); pressão energética (*Drang*); objetivo (*Ziel*); objeto (*Objekt*). Conclui Freud: "um instinto (pulsão) nos aparecerá como sendo um conceito situado na fronteira entre o mental e o somático, como representante psíquico dos estímulos que se originam dentro do organismo e alcançando a mente, como sendo uma medida de exigência feita à mente no sentido de trabalhar em conseqüência de sua ligação com o corpo" (Freud, 1915b, p. 142).

A estrutura argumentativa deste texto não se limita a afirmar a relação entre o somático e o psíquico por meio de um elemento chamado "instinto" (pulsão). Não é apenas uma afirmação que está em jogo, mas uma demonstração que nos remete a princípios extraídos da Biologia. A argumentação parte de um postulado de natureza biológica que utiliza o conceito teleológico (finalidade) e que concebe o sistema nervoso como um aparelho "que tem por função (finalidade) livrar-se dos estímulos que lhe chegam, ou reduzi-los ao nível mais baixo possível" (Freud, 1915b, p. 140), e vincula a capacidade de livrar-se, ou não, do acúmulo de estímulos à sensação de prazer-desprazer que regula a atividade do aparelho mental. Em função de tal propósito, ou seja, para cumprir este determinismo natural, ou afinar-se com esta teleologia constitucional dos organismos vivos, livrar-se do excesso de estímulos com a conseqüente sensação de prazer, é que o sistema nervoso se organiza e se desenvolve. A questão do estímulo ou, melhor dito, da necessidade de regulação dos estímulos, é a principal função do aparelho mental.

O estímulo nos remete diretamente à noção da pulsão, pois, como afirma Freud, "um instinto (pulsão) é um estímulo aplicado à mente" (Freud, 1915b, p. 138). O estimulo (*Reiz*) seria o broto que aparece no nascedouro das pulsões a partir da fonte (*Quelle*) somática.

A doutrina das pulsões cumpre, todavia, outras finalidades teóricas e responde também a outras questões. Num artigo de 1910 intitulado "A Concepção Psicanalítica da Perturbação Psicogênica da Visão", no qual é levantada a questão das "idéias", afirma Freud: "Nossa atenção foi atraída para a importância dos instintos na vida ideacional. Descobrimos que cada instinto procura tornar-se efetivo por meio de idéias ativantes que estejam em harmonia com seus objetivos. Estes instintos nem sempre são compatíveis entre si; seus interesses amiúde entram em conflito. A oposição entre as idéias é apenas uma expressão de luta entre os vários instintos" (Freud, 1910, p. 199).

Parece que, nesta passagem, Freud oferece mais duas outras justificativas para o conceito de pulsão relacionando-o tanto à origem da vida ideacional, ou seja, do pensamento, quanto à teoria do conflito. Ao conflito emocional, que na verdade é a ponta do *iceberg*, deve corresponder um conflito pulsional e, por trás do conflito pulsional, deve existir uma determinação natural, biológica. Assim é explicado o conflito psíquico, a partir do conflito pulsional, expressão de princípios ou postulados fisico-biológicos.

Em 1920, com o artigo intitulado "Além do Princípio de Prazer", é introduzido o conceito de pulsão de morte (*Thanatos*) e completa-se o pensamento freudiano sobre a teoria das pulsões, estabelecendo-se definitivamente a questão do dualismo pulsional, *Eros* e *Thanatos*, ou ainda, pulsão de vida e pulsão de morte. Duas pulsões correspondentes a dois princípios da natureza própria dos organismos vivos (Freud, 1920). Cabe assinalar que, no tema específico da pulsão de morte, Freud sempre admitiu estar enveredando por especulações, não obstante a clareza lógica da sua argumentação e sua contribuição inestimável para a prática clinica.

A INDETERMINAÇÃO DA PULSÃO: UMA BREVE DIGRESSÃO FILOSÓFICA

A pulsão é, todavia, um *em si* envolto em imprecisões: "os instintos (pulsões) são entidades míticas, magníficos em sua imprecisão" (Freud, 1933, p. 119), e só podemos conhecê-las, indiretamente, por meio dos seus representantes psíquicos, pois, "se o instinto (pulsão) não se prendeu a uma idéia ou não se manifestou como um estado afetivo, nada poderemos conhecer sobre ela" (Freud, 1915a, p. 203).

A pulsão, no seu dinamismo próprio, torna-se um movimento de algo para algo, impreciso e indeterminado. A indeterminação é sua própria característica essencial, ou seja, a indeterminação é a própria auto-determinação da pulsão e, talvez, aqui transpareça o caráter enigmático, o *em si* mítico e incognoscível, que Freud captou, indiretamente, por meio do desenrolar fenomenológico das suas representações. Afirmando um princípio inteligível, o *em si* pulsional, pelas suas manifestações, firmou sua ciência no registro do realismo empírico. Obviamente que, no referencial freudiano, o incognoscível pulsional é desprovido de qualquer conotação transcendental ou mística e quer significar, tão somente, o objeto inacessível a qualquer experiência possível.

A tese naturalista de Freud torna impossível separar a pulsão, enquanto potência incognoscível, tanto da sua origem físico-biológica quanto da sua representação psíquica, por meio da qual podemos conhecê-la. Biológico e psicológico se compõem e o estímulo somático, oriundo de uma fonte somática, nunca se constitui em algo exterior ou alheio ao que acontece no âmbito das mais elevadas manifestações, racional, intelectual ou cultural. O conceito de pulsão em Freud suspende, desta forma, uma oposição abstrata entre um simplesmente material e um puramente espiritual ou racional (Rosenfield, K., 1989). Oportuno lembrar que a instância psíquica que Freud chamou de *Ego*, que "representa o que pode ser chamado de razão e senso comum" (Freud, 1923b,

p. 39) é uma estrutura de superfície em relação ao *Id*, sede das pulsões (Freud, 1923b). Não há separações nítidas entre estes níveis mentais, o que equivale afirmar um *continuum* entre a esfera racional e a esfera pulsional.

Fazendo uma breve digressão filosófica, diríamos que, sob este aspecto, Freud é um herdeiro dos filósofos gregos, desde os présocráticos que, partindo de um sentimento de contemplação dos fenômenos, extasiavam-se ante as múltiplas manifestações do ser e perguntavam-se acerca do substrato comum que deveria existir sob as aparências. Nas suas elucubrações, os gregos contrapunham o ser ao aparecer, as essências aos fenômenos, o latente ao manifesto, como diria Freud. Segundo Fraile: "la gran aventura de los primeros filósofos griegos consistió en sustituir esas divindades por elementos naturales y fuerzas cósmicas: agua, aire, fuego, frío y calor, condensación y dilatación, etc. Es decir, que, al buscar el primer principio, el *arché* de las cosas, buscaban una realidad ontológica, pero no fuera del Universo, sino dentro de él; no encima, sino debajo de los fenómenos y de los seres particulares" (Fraile, 1990, p. 141). Podemos avaliar a afinidade de Freud com este pensamento por meio dos versos de Christian Grabbe, que ele, Freud, gostava de citar: "Sim, não pularemos para fora deste mundo. Estamos nele de uma vez por todas" (Freud, 1930, p. 82). O conceito de pulsão como um princípio ou um substrato incognoscível e que se torna conhecido através dos seus representantes, permite tomar como referência-guia a noção de *physis*, utilizada pelos pensadores pré-socráticos, e que significa, tanto o processo de surgir e desenvolver-se como também a fonte originária das coisas, ou seja, aquilo a partir da qual as coisas se desenvolvem e pela qual se renova seu constante desenvolvimento. A *physis* é o primário e o fundamental em oposição ao que é secundário, derivado e transitório. É justificável evocar o conceito grego de *physis* quando pensamos no conceito freudiano de pulsão, pois, para os gregos, "o psíquico também pertence a *physis*... que pode ser reconhecida através de suas manifestações às quais se emprestam os mais variados nomes: Espírito, Pensamento, Inteligência, Logos etc." (Bornheim, s/d, 12-13).

De certa forma, Freud é um herdeiro do pensamento grego ao rejeitar qualquer oposição entre natureza e psiquismo, ou entre o anímico e o racional. É importante ressaltar que a essência do ser psíquico, para Freud, está ligado ao dinamismo que vai do latente às suas manifestações empíricas, do inconsciente às suas representações conscientes, sempre de acordo com as determinações pulsionais que, ancoradas nos postulados da biologia, conferem, à esta dinâmica, um estatuto natural e determinado. Freud não cessa de repetir, desde suas primeiras reflexões, que a psicanálise é uma ciência da natureza.

Na esteira deste raciocínio, o filósofo Paul Ricoeur, estudioso contemporâneo da obra freudiana, procura estabelecer as fronteiras da psicanálise e fixar seu poder de alcance. Enquanto ciência da natureza seria determinada e limitada pelo ponto de vista tópico-econômico que lhe confere seu justo lugar e, por isto, não se deveria pedir que ela, a Psicanálise, "revele questões de origem radical nem na ordem da realidade, nem na ordem do valor" (Ricoeur, 1977, p. 129-130). Ricoeur chama a atenção de que a expressão "primário", muitas vezes utilizada por Freud (processo primário, narcisismo primário, etc.), só é primário no sentido do que precede ao aparecimento do fenômeno, daquilo que é anterior e latente e nunca no sentido de fundamento último.

A questão levantada por Ricoeur, não obstante exigir um outro espaço de reflexão, merece um breve comentário, pois a obra freudiana, na sua ampla abrangência, parece romper a *prudência* sugerida por Ricoeur e termina por disputar espaço com, praticamente, todos os grandes temas da Filosofia e, de certa forma, entra no âmbito de consagradas searas filosóficas, não hesitando em destruir alguns pontos fixos que costumavam sustentar o pensamento tradicional e que estavam baseados nos binômios mente/corpo, matéria/espírito, razão/paixões. Afirma Freud: "nossas mais elevadas virtudes desenvolveram-se, como formações reativas e sublimações, de nossas piores disposições" e, logo em seguida, adverte que "a educação deve escrupulosamente abster-se de soterrar essas preciosas fontes de ação" (Freud, 1913, p. 225).

Freud visa assegurar a tese de que não existem dois pólos que se articulam de maneira hierárquica e, não existindo o primado de um sobre o outro, toda manifestação da elevada racionalidade ou espiritualidade (moral, ética, estética) já não pode arrogar-se uma autonomia que paire sobranceira, incontaminada pelos interesses pulsionais. A vida psíquica, *sensu amplo*, tem sua origem numa "interação entre forças" (Freud, 1910, p. 199) que remetem ao determinismo físico-biológico. A filiação pulsional de todo ser e acontecer psíquicos é bem expresso em *O mal-estar na civilização*: "a sublimação do instinto (pulsão) constitui um aspecto particularmente evidente no desenvolvimento cultural; é ela que torna possível às atividades psíquicas superiores, científicas, artísticas ou ideológicas, o desempenho de um papel tão importante na vida civilizada" (Freud, 1930, p. 118).

Trata-se de uma tese recorrente em Freud: todas as manifestações de que o ser humano é capaz estão, desde o início, co-determinadas ou informadas pelo seu outro, que é o elemento pulsional, ou se quisermos, pelo elemento "inconsciente". Vale lembrar que no texto intitulado a História do Movimento Psicanalítico, ao rebater as críticas de Jung que tendia a interpretar as manifestações das pulsões como portadoras de um sentido "analógico", desnaturalizando-as e impregnando-as de um sentido transcendental, Freud contra-argumenta: "a verdade é que essas pessoas detectaram algumas nuanças culturais da sinfonia da vida e, mais uma vez, não deram ouvidos à poderosa e primordial melodia dos instintos" (Freud, 1914a, p. 77).

Pulsão, sujeito e objeto

Em função dos seus objetivos a pulsão *cria,* ou *recria*, o eu, o objeto, o simbólico e o real. Este é um aspecto nuclear no pensamento freudiano: uma reformulação geral dos objetos em função dos objetivos pulsionais consagrado pela expressão de *princípio da economia psíquica*. Nesta ordenação "econômica", o próprio eu torna-se objeto de investimento, como é bem explícito no fenômeno do narcisismo — "a libido afastada do mundo externo é dirigida para o ego e assim dá margem a uma atitude que pode ser denominada de narcisismo" (Freud, 1914b, p. 91). O eu torna-se objeto de interesse libidinoso, e o próprio Freud se refere explicitamente a este eu libidinizado como sendo um objeto narcísico. Seria como se o sentimento de si, ingressasse "numa 'erótica' (*Erotik*) generalizada, em favor dessas grandes redistribuições dos investimentos amorosos" (Ricoeur, 1965, p. 115-116).

Esta maneira de pensar os objetos, incluindo o eu, numa *economia* pulsional que os faz surgir, subtrai, obviamente, estes mesmos objetos dos limites nítidos que poderiam defini-los. Isto quer dizer que a densidade formal e objetiva do eu, do objeto externo, do real, da fantasia, do dentro e do fora, resultam indeterminados, sem fronteiras claramente estabelecidas, pois o próprio eu, assim como tudo mais, encontra-se numa posição tal, relativamente a pulsão, que pode ser permutado seja por substituição seja por deslocamento. A pulsão, na sua indeterminação essencial, não guarda referência nem com o eu nem com o objeto, mas é a própria pulsão que é referência para este eu, que o constitui, que dele se apropria e que, por meio dele, se manifesta. Tanto os objetos externos como o próprio eu são todos, indiscriminadamente, objetos da pulsão que precede a ambos. Esta questão fica particularmente clara quando Freud aborda a questão da dupla sadismo-masoquismo, e também no fenômeno do voyeurismo-exibicionismo, onde o eu e o objeto confundem-se numa permuta; também, é claramente evidente na maneira de entender o processo de evolução da libido, em que as partes do próprio corpo se constituem em objetos de investimento libidinoso e que se sucedem ao longo do desenvolvimento psico-motor do indivíduo: boca, seio materno, ânus, fezes, urina, genitais, mãe, pai, terapeuta, etc.

Não seria exagero retórico afirmar que a teoria das pulsões conduz a uma dupla destruição: a destruição do objeto face-a-face do eu como referencia-guia, pois o objeto é um elemento já investido pulsionalmente e, desde sempre, comprometido com objetivos pulsionais; e a destruição do sujeito, como potência autônoma e pólo de referência imediato e confiável.

O SUJEITO PULSIONAL E O VAZIO DA CONSCIÊNCIA

No século XVII, o filósofo René Descartes institui o *Cogito* (penso, logo existo) como o primeiro princípio da Filosofia e, segundo suas próprias palavras, na Quarta Parte do Discurso do Método: "julguei poder tomar por regra geral que as coisas que concebemos mui clara e mui distintamente são todas verdadeiras" (Descartes,1637, p. 47).

O pensamento ocidental, desde então, foi fortemente influenciado pelo paradigma cartesiano de que o sujeito pensante, por meio de um ato volitivo e livre, pode discriminar as idéias claras e distintas que são critério da verdade e da falsidade. Descartes concebe o ser humano como capaz de *intuição*, conforme aparece na Regra III para a Direção do Espírito, que seria a apreensão imediata do absolutamente indubitável: "por intuição entendo o conceito que a inteligência pura e atenta forma com tanta facilidade e distinção que não resta absolutamente nenhuma duvida sobre aquilo que compreendemos" (Descartes, 1628, p. 20-21).

De acordo com o legado cartesiano o mundo verdadeiro será aquele em que a razão pura e clara, que não se pode enganar, reencontra em si mesma. Está estabelecida a filosofia da consciência, pois fundada nos atos do pensamento que são conscientes. O *cogito*, o pensamento reflexivo, enfim, a racionalidade, são a via privilegiada do conhecimento. As idéias claras e distintas de que a razão é capaz, por meio de uma metódica e criteriosa reflexão, constituem-se no fundamento último e não se pode apelar para nenhuma instância que lhe seja anterior.

Em Freud, é este conjunto ou o todo desta reflexão filosófica que é destruído. Na realidade, o deslocamento do primado da consciência e da racionalidade, acontece segundo três importantes vieses: no primeiro viés, a consciência torna-se apenas uma instância psíquica entre outras, e o "saber" desta consciência passa a depender de uma série complexa de investimentos pulsionais; no segundo viés, esvazia-se o conceito do conhecimento fundamentado na transparência da relação sujeito-objeto. O objeto transforma-se numa "representação", resultante das disposições econômicas da libido e a possibilidade de um conhecimento objetivo, neutro e desinteressado, fica descaracterizada enquanto tal; um terceiro viés, abordado pela noção do Narcisismo, transforma a consciência, antes de tudo, num objeto primário do desejo de si próprio. O próprio ego, enquanto racionalidade, cede espaço a um ego desejante e pulsional.

Após Freud, o paradigmático *cogito* cartesiano transforma-se num lugar vazio: "examinaremos agora o individuo como um id psíquico (pulsional), desconhecido e inconsciente, sobre cuja superfície repousa o ego (razão e consciência)" (Freud, 1923b, p. 37). A Psicanálise nos legou a *peste* de que a consciência imediata é, antes de tudo, uma consciência falsa. Ao desmascarar os ardis da consciência, Freud, um *mestre da suspeita*, como diria Ricoeur (Ricoeur, 1969) operou uma espécie de *giro copernicano* e assistimos, desde então, a destituição da primazia do sujeito como consciência e razão e a instituição do sujeito desejante e pulsional. Num tom provocativo, afirma Freud: "quanto à consciência, Deus executou um trabalho torto e negligente, pois da consciência a maior parte dos homens recebeu apenas uma quantia modesta, ou mal recebeu o suficiente para ser notado" (Freud, 1933, p. 80).

Cabe esclarecer, todavia, que o esvaziamento da veracidade dos conteúdos da consciência não deve ser confundido com uma desqualificação da consciência em si mesma. Não é a consciência como um dado ou enquanto certeza imediata que está sendo questionada, pois o modo de ser consciente ou o aquilo que a consciência anuncia permanece sendo verdadeiro, ainda que seu conteúdo possa ser falso. Os dados que a consciência manifesta, ainda que suspeitos e ardilosos, têm um estatuto epistemológico assegurado na psicanálise, pois se constituem não somente o ponto de partida de todas as indagações como também o ponto ao qual todas nossas indagações retornam.

O EU DESAMPARADO E O OUTRO ESTRUTURANTE

Não obstante seu ataque desferido contra a primazia hierárquica da consciência ou da racionalidade, e sua recusa em minimizar a densidade da questão: "curvo-me à sua censura de que não lhes posso oferecer consolo algum" (Freud, 1930, p. 170), Freud não é niilista nem cético e, na verdade, tentou desenvolver uma técnica de tratamento, a Psicanálise, como um "instrumento que capacita o ego a conseguir uma progressiva conquista sobre o Id (pulsional)" (Freud, 1923b, p. 72), e seu programa pode ser sintetizado, segundo uma expressão por ele próprio formulada: *Wo Es war soll Ich werden* (onde estava o Id deve advir o Ego), traduzido em português como "Onde estava o Id, ali estará o Ego" (Freud, 1933, p. 102).

Uma nova inflexão é dada a toda a questão em pauta — o ser consciente (*Bewusst-sein*), ou o dado da consciência imediato, é substituído pelo tornar-se consciente (*Bewusst-werden*) mas, esclareça-se, trata-se de uma possibilidade apenas anunciada e que em nada se encontra assegurada.

O tornar-se consciente apresenta, indubitavelmente, um duplo viés: em primeiro lugar, trata-se de assumir o desamparo de um eu *humilhado* que já não pode arrogar-se a pretensão de ser dono da sua própria casa: "somos 'vividos' por forças (pulsionais) desconhecidas e incontroláveis" (Freud, 1923b, p. 37); em segundo lugar, a condição de desamparo do eu, descentraliza-o, e faz emergir a realidade imperiosa e desafiante da alteridade, o não-eu.

A questão do tornar-se consciente, de alguma forma, faz repensar a clássica teoria freudiana do papel do objeto no âmbito do circuito pulsional. Green, ao refletir sobre este tema, afirma que Freud, ao situar o objeto num plano absolutamente contingente e ao ceder a primazia ao objetivo pulsional, que consiste na satisfação via descarga, apresenta uma concepção *solipsista* do ser humano, como se fora um organismo fechado em si mesmo: "embora admirando sua bela construção, somos levados a pensar que a concepção de Freud pode incidir na critica de ser uma concepção um tanto solipsista" (Green, 1990, p. 68). Green justifica Freud, dizendo que esta ênfase teria sido fundamental, nos seus inícios, para afirmar a teoria pulsional como o fundamento da metapsicologia.

O ponto de vista de Ogden é, igualmente, esclarecedor: "o sujeito nunca pode estar totalmente separado do objeto... a reflexividade da dialética do sujeito e do objeto é um componente fundamental da concepção psicanalítica sempre em expansão do "eu" que experiência descentrado" (Ogden, 1994, p. 23-24).

O desamparo do eu e a função estruturante do outro não quer significar um simples deslocamento da consciência para o inconsciente e, também, não pretende ser uma negação do sujeito como se a estruturação do psiquismo acontecesse exclusivamente segundo o viés da exterioridade ou da alteridade. Consciente e Inconsciente, Eu e Outro, se encontram uma relação dialética onde cada um é referência para o outro. Este tema também é expresso num belo pensamento de Buber, pensador não ligado à psicanálise: "O Tu se apresenta ao Eu como sua condição de existência, já que não há Eu em si, independente; em outros termos o si-mesmo não é substância mas relação" (Zuben, 1977, p. XLVIII-XLIX).

Conclusão: O começo de uma outra história

Se a consciência, como um dado e fonte de certezas, afasta Freud de Descartes, a aventura do tornar-se consciente como um fim, aproxima Freud de Hegel —a consciência é aquilo que pode totalizar-se, é uma idéia-limite. Neste movimento, de alguma forma já apontado por Freud, o tornar-se consciente implica uma trajetória que inicialmente vê o outro como seu objeto de domínio até o reconhecimento deste outro como seu limite e referência.

A experiência deste outro, do seu Outro essencial, é particularmente evidente quando pensamos nas teses freudianas do "terror de castração" e da "dissolução do complexo de Édipo", que, imediatamente, associamos com a tese hegeliana da *luta à morte,* em que o necessário reconhecimento do outro (pai) como referência é, ele mesmo, tributário de uma experiência limite, a da morte (castração).

Embora a ciência de Freud retenha em si o nome de *análise*, a inteligência *dialética* perpassa toda sua obra, pois a dinâmica pulsional acontece sempre como um movimento de algo para algo. Se um tal dinamismo impele, por vezes, para o apego ao regressivo, também é um *impulso* para o novo e progressivo, como uma bipolaridade que tende para uma composição sintética, pois o novo não faz desaparecer o velho e é na filigrana do regressivo que surgem as figuras do progressivo.

A compreensão desta complexa textura dialética que a dinâmica pulsional aponta parece, inevitavelmente, colocar Hegel nos caminhos de Freud. Mas... enfim, isto já é outra história!

REFERÊNCIAS BIBLIOGRÁFICAS

ASSOUN, P. L. (1990). *O freudismo*. Rio de Janeiro: Jorge Zahar, 1991

BORNHEIM, G. *Os filósofos pré-socráticos*. São Paulo: Cultrix, sd.

CALVINO, I. (1993). *Por que ler os clássicos*. São Paulo, Cia das Letras.

DESCARTES, R. (1628). *Regras para a direção do espírito*. Lisboa: Estampa, 1977.

DESCARTES, R. (1637). *Discurso do método*. São Paulo: Abril Cultural, 1983. (Coleção Os Pensadores).

FRAILE, G. (1990). *Historia de la filosofía: Grecia y Roma*. v.1. Madrid: Biblioteca de Autores Cristianos (BAC).

FREUD, S. (1905). Três ensaios sobre a teoria da sexualidade. In: *Edição Standard Brasileira das Obras Psicológicas Completas de Sigmund Freud*. v. 7. Rio de Janeiro: Imago, 1972, 123-237.

——————. (1910). A concepção psicanalítica da perturbação psicogênica da visão. In: *Edição Standard Brasileira das Obras Psicológicas Completas de Sigmund Freud*. v. 11. Rio de Janeiro: Imago, 1970, 193-203.

——————.(1913). O interesse científico da psicanálise. In: *Edição Standard Brasileira das Obras Psicológicas Completas de Sigmund Freud*. v. 13. Rio de Janeiro: Imago, 1974, 195-226.

——————.(1914a). A história do movimento psicanalítico. In: *Edição Standard Brasileira das Obras Psicológicas Completas de Sigmund Freud*. v. 14. Rio de Janeiro: Imago, 1974, 11-82.

——————.(1914b). Sobre o narcisismo: uma introdução. In: *Edição Standard Brasileira das Obras Psicológicas Completas de Sigmund Freud*. v. 14. Rio de Janeiro: Imago, 1974, 83-119.

——————.(1915a). O inconsciente. In: *Edição Standard Brasileira das Obras Psicológicas Completas de Sigmund Freud*. v. 14. Rio de Janeiro: Imago, 1974, 183-245.

——————.(1915b). Os instintos e suas vicissitudes. In: *Edição Standard Brasileira das Obras Psicológicas Completas de Sigmund Freud*. v. 14. Rio de Janeiro: Imago, 1974, 127-162.

——————.(1920). Além do princípio de prazer. In: *Edição Standard Brasileira das Obras Psicológicas Completas de Sigmund Freud*. v. 18. Rio de Janeiro: Imago, 1976, 11-85.

———. (1923a). Dois verbetes de enciclopédia. In: *Edição Standard Brasileira das Obras Psicológicas Completas de Sigmund Freud*. v. 18. Rio de Janeiro: Imago, 1976, 285-312.

———. (1923b). O Ego e o Id. In: *Edição Standard Brasileira das Obras Psicológicas Completas de Sigmund Freud*. v. 19. Rio de Janeiro: Imago, 1976, 11- 83.

———. (1930). O mal-estar na civilização. In: *Edição Standard Brasileira das Obras Psicológicas Completas de Sigmund Freud*. v. 21. Rio de Janeiro: Imago, 1974, 81-171.

———. (1933). Novas conferências introdutórias sobre psicanálise. In: *Edição Standard Brasileira das Obras Psicológicas Completas de Sigmund Freud*. v. 22. Rio de Janeiro: Imago, 1976, 11-220.

———. (1950). Projeto para uma psicologia científica. In: *Edição Standard Brasileira das Obras Psicológicas Completas de Sigmund Freud*. v. 1. Rio de Janeiro: Imago, 1977, 381-456.

GREEN, A. (1990). *Conferências brasileiras de André Green: metapsicologia dos limites*. Rio de Janeiro: Imago.

HANNS, L. A. (1996). *Dicionário comentado do alemão de Freud*. Rio de Janeiro: Imago.

OGDEN, T. H. (1994). *Os sujeitos da psicanálise*. São Paulo: Casa do Psicólogo, 1996.

RICOEUR, P. (1965). *Da interpretação: ensaio sobre Freud*. Rio de Janeiro: Imago, 1977.

———.(1969). *O conflito das interpretações: ensaios de hermenêutica*. Rio de Janeiro: Imago, 1987.

ROSENFIELD, K. H. (1989). *A linguagem liberada*. São Paulo: Perspectiva. (Série Debates).

ZUBEN, N. A. (1977). Tradução do alemão, introdução e notas. In: BUBER, M. *Eu e tu*. São Paulo: Cortez e Moraes, XLVIII-XLIX.